日本国誕生の秘密

伊勢・出雲・三輪、その三社の神話に探る

諏訪春雄

河出書房新社

はじめに

天皇の長女愛子さまに対する国民の関心が高まっている。『週刊新潮』の二〇二二年三月三十一日号では「愛子さま威風堂々の初会見」という特集を組み、「女性天皇再燃」「さらに高まる愛子天皇待望論」という記事を掲載していた。

愛子さまに対する人気とともに女性天皇への関心も強くなっている。昨年、女性天皇と女系天皇について興味深い記事が報じられた（『毎日新聞』二〇二一年二月二十三日）。

毎日新聞社が埼玉大学社会調査研究センターと共同で行なった調査によると、女性天皇容認が全体の七割を超え、女系も五割を超える容認者があった。これが、現在の日本人の真情であろう。

右の報道があった数日後の二月二十八日の『朝日新聞』朝刊が「皇室維持への課題」という題で皇室問題の経緯を要領よくまとめている。

近年の皇位をめぐる「男系維持」か「女系容認」かの論議の大元は小泉純一郎政権の頃から始まったという。二〇〇四年末、三十九歳だった秋篠宮様より若い男性皇族はおらず、小泉総理が皇室典範改正を目指して設置した有識者会議では、性別にかかわらない長子優先制度が適任とされ、翌五年十一月の最終報告書は女性・女系天皇を容認する内容となった。

しかし、三か月後、ブレーキがかかった。六年二月に秋篠宮妃紀子様の懐妊が発表されると慎重論が強まり、改正案の提出は見送られた。同年九月に悠仁様が誕生、小泉政権の後を受けた第一次安倍晋三政権は、女系・女性天皇を認めた小泉政権下の報告書を白紙にもどした。

その後、民主党の野田佳彦総理の時代に、女性皇族が結婚後も皇室にのこり宮家の当主を務める「女性宮家」の創設を検討課題としたが、第二次安倍政権が発足すると、「男系でつむいできた皇室の歴史と伝統の根本原理が崩れる心配がある」として、女系天皇誕生への懸念を示した。

この安倍氏の女系・女性天皇への反対姿勢は、その後の菅義偉政権、岸田文雄政権へとほぼそのままに受け継がれている。

「皇室を構成するのは十七人、三十代以下は五人のみで、皇室維持の危機に直面している。政府の有識者会議は一昨年（二〇二一）末、皇室のあり方についての報告書を岸田文雄首相に渡した。問題の本質である皇位継承策には踏み込んでいない。このままでいいのか。」

これが『朝日新聞』の記事のまとめである。

このようにみてくると、現代の政治家による女性・女系皇位の論議は、どこまでも天皇制維持の必要性からの政治的議論であって、古代から貫徹する日本国家の本質論ではないことが分かる。むしろ、七割を超える一般国民の女性・女系天皇容認論こそが、日本国家の本質を肌身で感得した見解ではないのか。私にはそのように思われてくる。

このような時代に、日本の天皇制不要を唱える本までが刊行された。堀内哲氏『令和から共和へ天皇制不要論』（同時代社、二〇二二年）である。多少とも昭和という時代について知る私にとっては驚きである。それとも自由な物言いのできる時代の到来を喜ぶべきなのか。

なぜ女性天皇・女系天皇容認論が日本人につよいのか。その問題の根本を、日本国家成立の根源にまで遡って、本書で解明していこう。

日本国家は、いつ、どのようにして成立し、そしてなぜ現在にまで永続したのか。

独立国家にとってはもっとも重要なこの問題が、じつはまだ十分に解明されてはいないのである。たしかに、これまで多くの日本史の研究者によって、多様な説が提出されてきた。しかし、定説として、日本国民全員に納得して受け入れられるような説は提示されていないのである。日本国家の誕生についてはまだ濃い靄《もや》のなかにある。

一例として、『日本歴史大事典』(小学館)の「日本」の項目から引用する。

日本列島における政治的社会的関係の進展は、同じ時期に出現した地域国家(王国)や有力首長間の競合・統合の過程に求められる。とくに、六世紀後半から急速にそれが進んだ結果、ヤマト王国を中心とする専制的統一体制＝国家が七世紀末に成立した。この古代国家は国号を日本とし、前期・後期の封建国家から、近代天皇制を軸とする官僚制と常備軍を備えた国民国家へと展開した。

現時点での事典の解説としては、ぎりぎりの限界というべきであろう。日本国家の成立について、時空と固有名詞を限定した記述を提示することは不可能だったのである。その最大の困難は、神話と歴史の関係にある。

『日本書紀』の崇神天皇四年に次のような記事がある。

詔して「そもそも我が皇祖のすべての天皇が、皇位を継承して政事を行なってきたのは、ただ一身のためではない。思うに人と神とを統御し、天下を治めるためである。」と仰せられた。

崇神天皇は多くの古代史研究者が実在の信じられる最初の天皇として名を挙げる天皇である。前掲『日本歴史大事典』には、

実在の可能性がある最初の天皇で、四世紀前半の存在ともいわれる。

と記す。神武天皇と並んで、日本を統治した最初の天皇の意味である「ハツクニシラススメラミコト」と称された天皇である。しかし、神武に続く、綏靖《すいぜい》から開化《かいか》の八代の天皇が「欠史八代」とよばれ、のちに挿入された非実在の天皇とされるのに対し、崇神天皇こそが、その子垂仁天皇と並んで「ヤマト王権の原型」とされる（『歴史道 vol. 20　古代天皇の謎と秘史』）。

『日本書紀』は『古事記』と並んで、日本を代表する古代史書である。しかし、右の「人と神を統御する」という記事をどのように読めばよいのか。

天皇による天下の統治は人と神の統御が必要である、という。統治即ち政治や軍事は人間を支配するだけではなく、神の支配も必要であるという。近代的な歴史理解では説明できない内容である。しかし、実は、日本国家の誕生の歴史をかんたんに決定できないのはこの事実とふかく関わっているのである。

日本の神話と古代史のあいだに根本的な区別はない。平安時代の官製の戸籍書の『新撰姓氏録《しんせんしょうじろく》』では、登録された氏族千百八十二氏を、皇別・神別・諸蕃・雑姓の四種に大別している。皇別は天皇家に繋がる人たち、神別は天皇家以外の神々の子孫、諸蕃は渡来した外国人である。このうち、

皇別・神別合わせて七百三十九氏、六十三パーセントまでが神の子孫に分類されていた。ほかは渡来人か祖先不明の人たちである。この神人連続の思想は江戸時代まで連綿として生きつづけ、日本の（民俗）社会では現代にまで保存されている。

神と人は連続して、その間に根本の区別はなかった。この思想が日本人を支配してきた根源の信仰である。

自然神、人格神など多種多様な神々を信仰するアジアの多神系の信仰では、多くの神々が各所に散在している。信仰する人びとにとっては、本来、それらの神々のあいだに序列はなく、すべて平等に価値と意味を持っていた。信仰者たちは、自分からそれぞれの神のしずまる場所におもむいて参拝する。その結果、世界のあらゆる神的存在がそれぞれの価値を持って、それぞれの場所におさまっている。日本人の信仰はその代表例である。私はこれを多神信仰とよぶ。人為的宗教ではなく自然な信仰である。

アジア、ことに東アジアの多神系の神々、アニミズムの神々に大小、高低の区別が生まれるのは、道教、仏教などによって、神々が体系づけられ、神々の神殿、パンテオンが構築されてからであった。合わせて、その段階で、教祖、教典、信者集団が決まり、自然「信仰」は人為的「宗教」となる。その際も、神々が一種に統合されることはなかった。中国や朝鮮の信仰形態である。私はこれを一神教的多神信仰とよぶ。宗教と信仰の混交である。

神と人が連続するという日本人の支配的信仰は、この多神信仰の一環である。多神信仰の民族では、神と人を統治したときに国家が誕生する。本書では、その視点を持って、これまで靄《もや》のなかに

動かぬ常在神。奄美大島南部や加計呂島にはイビガナシ（上）やグンギン（下）とよばれる自然石を神と崇める信仰がある。イビガナシは聖なる石、グンギンは権現の意。人間のほうから接触して拝んでまわる。

福岡県沖ノ島磐座（いわくら）。磐が神、神が常に居ますところ。

あった日本国家の誕生の秘密を解明し、そしてその信仰がその後の日本国家の歴史の展開に持ちつづけた意味を提示する。

邪馬台国、卑弥呼、古墳、アマテラス、スサノオ、大国主命、伊勢神宮、出雲大社、三輪大社、三種の神器などなど、日本の古代史に登場してくる数多い難問を解く鍵は、この神と人の関係にあるのである。

そして、日本国家が永続し、日本人が女性天皇に強い愛着を持ち続ける理由も、神と人の繋がりにあるのである。

日本国誕生の秘密　伊勢・出雲・三輪、その三社の神話に探る◉目次

装幀――山元伸子
カバー写真©PIXTA

日本国誕生の秘密

伊勢・出雲・三輪、その三社の神話に探る

I　邪馬台国・卑弥呼とオナリ神信仰

1　邪馬台国・卑弥呼

日本国家の誕生を解く手掛かりは、日本の古代文献のほかに、当時の中国大陸との関係のなかにもある。有力な鍵の一つは中国古代の歴史書である。

倭人は帯方《たいほう》の東南大海の中にあり。山島に依りて、国邑をなす。旧《もと》百余国漢の時、朝見する者あり。今使訳通ずる所三十国。郡より、倭に至るには、海岸に循《したが》って水行し、韓国をへて、あるいは南し東し、その北岸狗邪《くや》韓国に至る七千余里。

日本国の原型であった邪馬台国の卑弥呼《ひみこ》は、中国で三世紀に編纂された歴史書『三国志』のなかの『魏志倭人伝』の右に続く記事に現われる。

倭国はもと男子を王として、七、八十年経たが、乱れて互いに攻防を繰り返していた。そこで、共に一人の女子を立てて王とした。その女子を卑弥呼とよんだ。卑弥呼は鬼道に仕えて衆人を惑わし、年齢はかなり加えたが、夫はなく、一人の弟がいた。その弟が姉を助けて国を治めた。卑弥呼が王となってからは卑弥呼を見たものは少なく、侍女千人が奉仕した。ただ男性が一人いて飲食を世話し、卑弥呼の言葉を伝えて居室に出入りした。宮殿は高楼と城柵を厳《おごそ》かに設け、兵士が常に守護した。

中国の古文献を読み解くときの注意事項の一つは、周辺諸国についての記述がことさらに貶《おと》しめられていることである。卑弥呼、邪馬台国、鬼道などの表記法にそれが顕著に表われている。そしてすべてが極度に誇張されている。

この文の伝える史実については、周知のように多種多様な議論があり、なかには邪馬台国の存在自体を疑う説すらある。

たとえば、田中英道の『邪馬台国は存在しなかった』である。同書は主張する。

邪馬台国も卑弥呼も『魏志倭人伝』以外に記録がない、
邪馬台国も卑弥呼も蔑称である、
『魏志倭人伝』は伝聞をもとに構成された物語である、
日本に卑弥呼を祀った神社が存在しない、ただ一つ存在する神社は昭和五十七年に建立された、

などの多くの理由をあげて、存在否定論を展開している。これよりもはやく岡田英弘は、晋朝狂言説をとなえ、『魏志倭人伝』は偽書であり、邪馬台国は架空であるといいきった（『倭国―東アジア世界の中で』）。さらに、よく知られるように邪馬台国の所在地についても多様な説が提出されてき

た。

九州説を唱える論者には、新井白石、白鳥庫吉《くらきち》、田中卓、古田武彦、鳥越憲三郎、若井敏明らがいる。吉野ヶ里遺跡が九州説の代表である。弥生時代後期の環壕集落として日本一の規模を持ち、国の特別史跡にも指定されている佐賀県神埼郡吉野ヶ里町と神埼市にまたがる遺跡群である。

畿内説は、内藤湖南、笠井新也、原田大六、和歌森太郎、稲葉岩吉、末松保和、中山平次郎、梅原末治、三宅米吉、山田孝雄、鈴木俊、上田正昭、直木孝次郎などが唱えている。

畿内説のよりどころが纒向《まきむく》遺跡である。東西二キロ、南北一・五キロの大集落で、三世紀初めに突如出現した。九州から関東までの土器が見つかり、日本最初の「都市」とされる。二〇〇九年に三世紀前半~中頃の大型建物跡群が出土した。東西に方位をそろえ、規模も当時最大であった。邪馬台国の時代と一致し、「卑弥呼の宮殿」説もある。

吉野ヶ里遺跡

右の九州・畿内の両説を合わせた論が東遷説である。九州で成立した王朝が東遷して畿内に移動したという考えである。東遷説には、この東遷を神武東征や天孫降臨などの神話に結びつける説と、特に記紀神話とは関係ないとする説の両パターンがある。
四国説は、一九七〇年代後半から注目され始めた新しい説である。邪馬台国までの行き方（道順）を表わしている『魏志倭人伝』の「南至投馬国水行二十日」「南至邪馬台国水行十日」の文の解釈として、まず大陸から渡り着いたとされる九州北部から水路で豊後水道を南下、高知県西部より四国へ上陸、その後は陸路で徳島県に辿り着くという見解が示される。

邪馬台国の所在地研究は江戸時代にまで遡る。儒学者新井白石は音の類似性から大和国（奈良県）や筑後国（福岡県）山門（やまと）を候補に挙げた。明治時代には共に東洋史学者の内藤湖南が畿内説、白鳥庫吉が九州説を唱えて論争に発展した。九州にあった邪馬台国が畿内に移ったとする「東遷説」も提起された。

卑弥呼についてはアマテラスとの関係を考える説がある。アマテラスの別名は「大日孁貴」（オオヒルメムチ）であり、この「ヒルメ」の「ル」は助詞の「ノ」の古語で、「日の女」となる。意味は太陽に仕える巫女のことであり、卑弥呼（陽巫女）と符合する（「倭女王卑弥呼考」『白鳥庫吉全集』第一巻、和辻哲郎『新稿 日本古代文化』）。

安本美典は、天皇の平均在位年数などから推定すると、卑弥呼が生きていた時代とアマテラスが生きていた時代が重なるという（『神武東遷』）。

最近でも卑弥呼＝日御子・陽巫女説をつよく主張する書が世に出た。映画監督の篠田正浩の『卑弥呼、衆を惑わす』である。

卑弥呼は太陽神に奉仕する「日ノ御子」との関係性を考えずにはいられない。『魏志倭人伝』の記述する「鬼道に仕えて衆を惑わす」の「鬼道」は、道教のような漢民族の体系宗教以外の少数民族のシャーマニズムに対する独特の蔑称であるが、しかし、人間と神の関係についてのべ、本書の「はじめに」で紹介した『日本書紀』崇神紀から訳出した「天下の統治は人と神の統御が必要」という日本国家の特性にみごとに対応しているのである。

ヤマタイはヤマトに通じる。邪馬台国の存在を『魏志倭人伝』の記載だけではなく、続く大和を中心とした日本国家の成立と展開の歴史とも合わせて考察するときに、畿内説が浮かびあがってくるのである。本書ではこの畿内説に注目して、纏向遺跡や日御子に焦点を当てる。
卑弥呼やアマテラスの誕生する背景を、当時のアジア全域にまで視野を広げて探ってみよう。

2　ヒメ・ヒコ制とオナリ神信仰

日本の古代には、姉妹と兄弟が祭事と政治を分担する統治形態ヒメ・ヒコ制が現実に存在した。地名＋ヒメと地名＋ヒコの名の男女が分担する。邪馬台国の卑弥呼と弟に一致する政治形態である。『古事記』・『日本書紀』・『風土記』などには宇佐地方（豊後国）にウサツヒコとウサツヒメ、阿蘇地方にアソツヒコとアソツヒメ、加佐地方（丹後国）にカサヒコとカサヒメ、伊賀国にイガツヒコとイガツヒメ、芸都《きつ》地方（常陸国）にキツビコとキツビメがいたことを伝えている。また『播磨国風土記』では各地でヒメ神とヒコ神が一対で統治したことを伝えている。

十世紀に完成した日本の神社の所在報告『延喜式神名帳《えんぎしきじんみょうちょう》』では国内の各地、三十五地域にわたって、百社近く、ヒメ・ヒコで一対となる神社がのこされている。これらをすべて虚構と片付けることはできない。

このヒメ・ヒコ制こそ、邪馬台国の卑弥呼と弟による祭事と俗事の分担による国政統治に一致するのである。しかもその根底には、東南アジアから東アジア一帯に広まる姉妹の霊性が兄弟を守護するオナリ神信仰がある。

沖縄にオ（ヲ）ナリ神とよばれる、兄弟を守護する姉妹の霊力に対する信仰がある。はやく伊波《いは》普猷《ふゆう》が『をなり神の島』で先鞭をつけ、その後をうけて柳田国男が『妹の力』で論じた問題であった。

オナリは、奄美、沖縄、宮古、八重山の諸地域で、兄弟から姉妹をさすことばである。姉妹から兄弟をさすときはエケリという。

オナリ神は呪詛にも力を発揮するが、多くは兄弟が危機に陥ったときに守護してくれる。航海や戦争に出発の際、姉妹は守護のしるしとして、手ぬぐいや毛髪を持たせ、兄弟が危機に陥ったときに、姉妹の霊は白鳥になって現地に飛ぶという。

姉妹は兄弟に対して霊力で守護し、他方、兄弟は姉妹に対し、日常生活で守護の役割を果たす。しかも、家族のレベルを超えたさまざまな上位の祭祀集団にもこの関係をみることができる。根神(ニーガミ)と根人(ニーッチュ)、ノロと按司(アジ)などとよばれる地域の信仰関係、聞得大君《きこえおおきみ》と王などの琉球王権の信仰関係である。

この信仰の源流については、東南アジアに求める説が有力である。オナリ神を最初に学問の課題として体系化した柳田国男は、オナリ神の源流を日本の外に求めることはしなかったのであるが、柳田の影響下に、戦後、この問題に取り組んだ社会人類学者の馬淵東一は、東南アジアとの関係を強調した(「沖縄先島のオナリ神」『日本民俗学』)。

馬淵の教え子の社会人類学者の鍵谷明子は長期のインドネシア調査を続け、その成果を『インドネシアの魔女』としてまとめた。鍵谷氏は、インドネシアの小スンダ列島のなかのサブ島、ライジュア島という二つの島を二十年近く毎年訪れ、沖縄のオナリ神信仰と一致する信仰を発見した。この二つの島では、兄弟が遠い旅に出るとき、かならず姉妹に知らせ、姉妹はイカットとよばれる手織りのかすりの布を贈る。このイカットには、兄弟を守る強力な霊力があると信じられている。

馬淵・鍵谷両氏の研究によって、オナリ神信仰の源流地は、確定したように思われていた。

しかし、日本の古代神話でも、イザナギ・イザナミの国生み神話、天地分離神話、海幸彦・山幸彦神話などの王権神話の重要なものが、東南アジア起源として説明されていたが、私は、『日本王権神話と中国南方神話』で、これらの神話の原型が中国長江流域の少数民族神話にあることを、多くの実例をあげてあきらかにした。同じことが、オナリ神についてもいえるのではないか。

東南アジアに、日本の神話や習俗と類似するものがのこっているのは、多くの場合、中国大陸から左右対称にせり出していった文化現象の、末端残留現象として説明できるのである。

「倭人伝」とあるように、邪馬台国は倭人が創った国であった。倭人の故郷は長江流域である。倭人はまた越人《えつじん》とよばれたこともあり、さまざまなきっかけで朝鮮半島南部、日本、台湾、ベトナムなどに、居住地域を広げていった。

従って、邪馬台国の習俗や信仰は長江流域から、倭人が伝えたものと断定することができる。『魏志倭人伝』が記す邪馬台国の倭人の習俗は、魚を獲る生活、すぐれた航海術、刺青《いれずみ》、断髪、蛇や竜に対する信仰、貫頭衣《かんとうい》（すっぽりかぶり頭だけ出す袋型の衣装）、歌垣《うたがき》や妻問い婚、一夫多妻制などであった。これらはすべて、長江流域に広がって住み、古代越人の子孫といわれる少数民族社会に、かつて存在したか、現在も見ることのできる習俗である。

ヒメ・ヒコ制、そしてオナリ神信仰は女性の霊力に対する信仰である。このような信仰は、中国南部に過去もいまも広がって存在する。

私の友人で、中国トン（侗）族出身の著名な民俗学者林河《りんか》は、トン族の社会に顕著な女性の霊力信仰が存在するとして次のようにのべている。

日本のオナリ姉妹神は古黔《こきん》（貴州省）の風俗に似ている。古黔の革家人《かくかじん》も姉妹の頭髪を布の小袋に入れてお守りにしている。そのお守りが凝っていて、まず姉妹の頭髪を袋に入れて太陽と月を作り、それらを鳥形の布袋に入れて太陽鳥を作る。言葉の面でも日本語の「オナリ」は古黔の古語に近似している。古黔古語では「オ」は発語詞、「ナ」は鳥、「リ」は太陽を意味し、「オナリ」は「太陽鳥神」の意味になる。ここからも、日本の本土、奄美、沖縄、南部諸島と中国古黔との関連性が示される。（「トン族からみる日本の倭文化」『愛晩文叢 林河自選集』下巻）

革家人は中国貴州省を中心に分布する、まだ中国政府に認定されていない少数民族である。女性が霊力を持つと信じられる理由の一つは出産能力、そしてもう一つは、神がかりによる特殊な予知能力を身につけているからである。憑霊型の女性シャーマンである。日本の古代の女王であった卑弥呼、壱与《いよ》、神功皇后、飯豊女王《いいとよのひめみこ》の四名ともにあきらかに憑霊型の女性シャーマンであった。一例として、『古事記』や『日本書紀』が伝える神功皇后についてみよう。

『古事記』仲哀天皇の箇所に大旨次のようにある。

皇后の息長帯日売命《おきながたらしひめのみこと》（神宮皇后）は、むかし、仲哀天皇が西国巡幸なさったときに神がかりをなさった。天皇が筑紫の香椎の宮においでになって熊襲《くまそ》を討とうとなさったとき、天皇は神を招き寄せるためにお琴をお弾きになり、武内宿禰《たけうちのすくね》大臣は神託を受ける庭にいて、神のお告げを求めた。すると皇后が神がかりして神の言葉を告げられた。

また『日本書紀』仲哀天皇八年九月には、

天皇熊襲征討を群臣に相談されたときに神が皇后に乗りうつって神託がある。

とあり、同書仲哀天皇九年三月には、

皇后神主となり、武内宿禰に琴を弾かせ、中臣烏賊津使主《なかとみのいかつのおみ》を審神者（さにわ）にして、神の声を聴く。

とある。さにわとは神託を受け、神意を解釈して伝える者のことで、分業型シャーマンである。また、同書仲哀天皇六年十二月一書には、

皇后、琴を弾き、神がかりして託宣する。

と記述されている。これらの記事によると、神功皇后は自ら神がかりして託宣を告げるシャーマンである。しかも『日本書紀』仲哀天皇六年三月には「神主」とあって、祭りを主宰する祭司でもあった。祭司とシャーマンの区別のなかったことがあきらかである。

長江流域には、神が巫女の身体に宿るシャーマニズムの憑霊型が盛んであり、日本の古代の巫女

浙江省奉化市の漢民族の巫女。線香の煙で神が憑く

突然神がかりしたチワン族女巫

広西チワン族自治区のチワン族の女巫

貴州省安順市のトゥチャ族の女装男巫（右）

南通の僮子戯の女装巫師（左）

の女王の源流は、長江流域に存在することは確実であろう。稲作民族の女神信仰についてはのちにのべるが、それ以外にも多く存在する。具体例を一部紹介する。

チワン族の神話では、人類を生んだ母神は洛甲《らくこう》とよばれる母神である。布洛陀《ふらくだ》とよばれる男神と結婚し、分業して地と天を創った。

黎《リー》族では、大地の神を女神（地母）とみなし、毎年の田のすき返しの際に、細心の注意を払って地母を祀っている。また稲魂は稲公《とうこう》と稲母《とうぼ》とよばれる夫婦神である。シャーマンには、道公《どうこう》、娘母《ろうぼ》、老人という三種のよび方があり、娘母は女巫のほかに男巫をもこの名でよんでいる。長江流域の男巫が女装する例が多いこととともに、稲作地帯のシャーマニズムが本来は女性の役割であったことに関わる現象である。

トゥチャ族では、むかし、混沌から天地を造成したのは、張古佬《ちょうころう》、李古佬《りころう》という二柱の神であった。しかし、この神神も人間を創ることはできず、人間を創ったのは衣羅娘娘《いらろうろう》という女神であった。五穀の神は五穀娘娘とよばれる女神で、五穀を天上からもたらし、農耕を人間に教えた神であった。巫師たちは自分たちを「梯瑪《ていま》」とよぶ。馬神族の神女という意味で、馬は彼らのトーテム（信仰対象）である。

イ族は、収穫後の陰暦十月上旬に、大地の神である地母を祀る地母祭を行なう。地母は大地とイ族の人々、とくに女性の健康を管理している。地母祭は女性の祭りであって、男性が参加することは許されない。参加する女性たちは、三日まえから身を浄める潔斎に入り、男性と別居し、沐浴して祭りを行なう。

長江流域でシャーマンの主体を占めていたのは女性であり、その信仰対象は女神であった。男性が関与するようになっても、名称に女性の名をのこしたり、女装したりする。

Ⅱ　アマテラスの本質

1　アマテラスの本質

卑弥呼の治めた邪馬台国の遺構を近畿の纏向《まきむく》遺跡と考え、日本国家の原型が大和であったと想定するなら、卑弥呼と関わる神として浮かんでくるのが皇室の祖先神アマテラスである。この節ではアマテラスの本質について考える。

アマテラスは稲魂である。『古事記』に記されるアマテラスの本質をまとめると、稲の神を示している。

①水田を作り新嘗祭を主宰している。

②アマテラスの命令で、最初に地上に降臨するアメノオシホミミは威力ある稲の神の意味であり、交代して降臨したアマテラスの孫ホノニニギは稲穂の豊穣の意味である。

『日本書紀』でもアマテラスは稲の神である。

①アマテラスは、ツクヨミに殺害されたウケモチノカミの身体から生じた五穀のうち、アワ・ヒエ・ムギ・マメを畑に、稲は水田に植えて大きな収穫をあげている。

②スサノオと誓約して、オシホミミ、天上界の霊力ある稲の神の名を持つアメノホヒなどを生んでいる。

③天上で水田を耕作し、新嘗を主宰している。

④第二の一書によると、ニニギの降臨の際に高天原の田で収穫した稲穂をさずけている。

アマテラスの本質は太陽神でもあった。

「古事記」では「天を照らす大御神」と表記され、天空（高天原）の支配を命じられたこと、天岩屋戸に籠ったことが日蝕とも冬至とも鎮魂祭とも解釈されること、鏡を魂の依代《よりしろ》とすること、などが太陽神の性格を現わしている。

『日本書紀』では、アマテラスは日神（太陽の神）、オオヒルメムチ（太陽の女神）などとよばれ、「明るく美しく照らし、天地四方の隅々まで照り輝いた」と叙述されている。

さらに、アマテラスの本質は大地母神でもあった。

アマテラスは地上で誕生して天に昇った神であった。『古事記』では、黄泉国《よみのくに》を逃れて地上に生還したイザナギが筑紫の日向の橘の小門《おど》のあわぎ原でみそぎして生んだ神である。『日本書紀』でも、イザナギ、イザナミの両神が地上でアマテラスを生んだのち、「このように神秘で霊妙な御子はすみやかに天上の政事をゆだねるべきである」と、天の御柱を伝わって天上に送っている。

太陽は朝に地上から天に昇り、夕に地上に沈む。この点に注目すれば地上の神であるが、天に輝く日中に注目すれば天の神となる。さらに陽光がやさしいか強烈であるかによって、女神か男神かに分かれる。中国南方では太陽は大地の女性神と観念され、北方では天の男性神と意識されている。

アマテラスは稲作の神であり、その稲作を守る太陽神、大地の女神であった。このように、三つ

トン族の信仰するサスイ（薩歳・祖母神）を祀る祠。ご神体は傘（樹木）

広場の歌舞。中国貴州省黎平県。トン族の薩歳祭祀

の本質を持つ神の源流は中国大陸南部にある。

アマテラスは、女神であり、太陽神であり、稲魂《いなだま》でもある。この三位一体の信仰を海外にもとめると、長江流域の稲作民族が有力候補として浮かびあがる。長江流域の苗《ミヤオ》、土家《トウチヤ》、侗《トン》など少数民族の地域では、太陽の信仰は女神、稲魂に対する信仰と結合し、三位一体となっている。これは日本のアマテラス信仰と完全に一致し、祖神を主神とした、日本の大嘗祭や新嘗祭にあたる祭りも、のちに詳述するように、これらの少数民族社会に行なわれている。

具体例を長江中流域の湖南省を中心に分布している稲作民族の侗（トン）族にとって、説明する。トン族については「Ⅶ 1 侗族の民俗」でものべる。

彼らが、先祖の神として信仰している薩歳《サスイ》は女の神であり、稲魂であり、太陽の神であり、しかも隋唐時代に実在して民族のために皇帝の軍勢と戦って壮烈な死をとげた女英雄杏妃《きょうじ》と同一視されている。杏妃の子孫は現存していて、生神《いきがみ》として尊崇されている。実際の俗務には関与せず、トン族の精神的団結の中心としての位置にいる。日本の天皇と同じ、民族の象徴の役割を果たしている。また薩歳の威光の象徴として、樹木から変化した傘が信仰されており、部落の公的な祭政の場としての鼓楼は傘の形をし、正月に営まれる祖先の神薩歳の祭りでは傘がご神体としてあがめられている。なお、傘は苗族の神話などにも霊的存在として登場しており、傘の信仰はトン族だけのものではなかった。傘の信仰は樹木信仰からの変化である。

アマテラスが高天原《たかまがはら》でのスサノオの行為に怒り、天岩屋戸に身を隠し、そのため世は暗黒になるという天岩屋戸神話について、これまでに次のような解釈が提出されている。

トン族の先祖の女神薩歳の依代の樹と依代の樹の根元の祭壇で営まれる薩歳祭祀。出現した薩歳の子孫といわれる赤い竜衣で傘をさされ、拝まれる生神の男性。

アマテラスは大嘗祭の準備中に穢れにふれた。

日神であるアマテラスの日蝕神話である。

日神であるアマテラスの冬至神話である。

生命力の回復を祈願する鎮魂祭である。

大祓いの儀礼の性格を持つ。


これらの解釈の前提にも、アマテラスの本質を太陽神＋稲魂としてとらえる理解がはたらいている。最初の大嘗祭説は稲魂観にもとづき、つづく二つの説は太陽神観によっている。また、鎮魂祭説と大祓い説には太陽神観と稲魂観の二つが基礎になっている。

二〇〇一年の八月、私は長江流域の苗《ミャオ》、土家《トウチャ》、侗《トン》の三族の民俗を調査してまわり、いたるところで太陽神信仰にであった。しかもこれらの地域では、太陽の信仰は女神、稲魂に対する信仰と結合して三位一体となっている。これは、日本のアマテラスの信仰と完全に一致している。日本の稲作文化の起源地が長江中流域に決定している現在、日本のアマテラス信仰の原型も長江中流域の少数民族社会にあったことを示している。

『魏志倭人伝』が記す「鬼道」とは漢民族の眼で見た当時の日本も含む少数民族社会、倭人や越人の民俗信仰に対する呼称、蔑称であったのである。中国漢民族社会では鬼は死人の死体の風化したものをいい、神と対称の存在であった（白川静『字統』）。

2　アマテラスとタカミムスヒ

日本神話に登場する最高司令神はアマテラスのほかにタカミムスヒが存在する。古文献に登場する両神の関係は三型に整理できる。

1　アマテラス・タカミムスヒ併記型　『古事記』『古語拾遺』
2　タカミムスヒ単独型　『日本書紀』一書、『先代旧事本紀』
3　アマテラス単独型　『日本書紀』一書

アマテラス・タカミムスヒの本質を論じたこれまでの主要な説を見てみる。

①アマテラスとタカミムスヒは本来別系統の神。

天皇家の本来の守護神はタカミムスヒである。岡正雄（「日本民族文化の形成」『図説日本文化史大系1　縄文・弥生・古墳時代』)、松前健(「鎮魂祭の原像と形成」『日本祭祀研究集成一』)、岡田精司(『古代王権の祭祀と神話』)、溝口睦子(『王権神話の二元構造―タカミムスヒとアマテラス』)

②タカミムスヒについて、男性神とする点は四氏一致するが、その先で、太陽神(岡田)、神木をヨリシロとする農耕神(松前)、朝鮮古代の起源神話と同一系統神(岡、溝口)と分かれる。

③アマテラスについて、先住母系的種族の主神(岡)、伊勢地方のローカルな太陽神(松前)、タカミムスヒに仕える巫女を神格化した神(岡田)、列島規模の土着の女性太陽神(溝口)と分かれる。

以上のような先人の研究を踏まえたうえで私の考えを提示する。

タカミムスヒは宇宙樹である。

タカミムスヒは『古事記』では高木神の別名でも登場する。この神が主として活躍するのは、天孫降臨神話や神武東征説話である。つまり、天と地を結ぶ神としての性格がつよく、天地往来の宇宙樹としての本質を持っている。

宇宙樹は世界樹ともいう。まだ確定していない術語であるが、一般には天界と地下界とを貫いてそびえ、全世界(宇宙)の秩序を体現していると信じられる巨木である。世界各地の神話にみられ、ことに北欧の古代神話『エッダ』のなかの巨木が有名で、その枝は全世界のうえに広がり、天のうえまで突き出ており、三本の根はそれぞれ神々の国・巨人の国・死者の国へと伸びている。そのほか、古代インドのウパニシャッド哲学、アステカの神話、シベリア諸民族のシャーマニズム信仰などにおいて、宇宙樹は多種多様な表象と意味を持って登場する(『文化人類学事典』)。

私がアマテラス神話の故郷と考える中国南部に流布する稲作天授神話と結合した宇宙樹を紹介しよう。『中華民族故事大系』による。

まず、湖南省・広西チワン族自治区のヤオ族の神話である。

大むかし、天は低く、人間は大木を登って天に行くことができた。そのころ、天神の命で地上の水を管理していたのが天に住む水仙姫であった。ある日、地上から来た若者に夢中になり、水口をふさぐことを忘れたために、地上は大洪水となった。天神ははげしく怒り、水仙姫は若者の手を取って逃げ出した。姫の両親は、頼もしい若者が気に入り、二人に穀物の種子とゴマの種子を与えて地上に逃がしてやった。二人は、すでに水の引いた地上で、穀物とゴマの種を撒き、人類や動物をつくりだした。天神はこの様子を見て二人を許した。ただ、人間が天に登って来ないように、天を高く引き上げてしまった。

この神話は天地を結ぶ大木が大きな役割を占めており、日本の天孫降臨神話でアマテラスとともに活躍する高木神（『古事記』以外ではタカミムスヒ）が、本来は天地を結ぶ宇宙樹であったことを示している貴重な資料である。

中国南部の苗族集落には、芦笙柱《ろしょう》が立っている。芦笙柱は苗族の生命世界の根幹を司る宇宙樹である。芦笙柱はフウ（楓）の木で作られ、頂上に太陽の昇る方向を向いた木製の鳥が止まっている。この柱には下から竜が巻きつき上方に牛の角が二本突き出ている。

毎年正月や春分・秋分などの祭りには、この芦笙柱を中心にして着飾った男女が輪になって踊る。苗族の子供や若い女性がハレのときに着る百鳥衣には服の裾に鳥の羽がいっぱいに縫い付けてある。むかし、苗族に稲穂を運んできてくれたので感謝するためという。

次は雲南省ハニ族の聖樹と稲魂の祭礼である。

ハニ族最大の祭りは、田植前に行なわれる聖樹祭（アマトゥ）である。稲魂を庇護する天神が聖

苗族の陸田農耕

ハニ族の水田

苗（ミャオ）族の聖樹祭、芦笙柱の祭り。宇宙樹と太陽と鳥と稲

樹を伝わって降臨すると信じられている。聖樹は村建てのとき、村の中心として選ばれるが、西双版納（シーサンパンナ。雲南省南端のタイ〔傣〕族自治州）では各家で聖樹を持つ村がある。穀霊を保護しているのは聖樹である。穀霊信仰と聖樹崇拝とは結合している（欠端実『聖樹と稲魂　ハニの文化と日本の文化』）。

　聖樹の信仰は稲作文化と無縁の中国北方の古代文献にも「扶桑《ふそう》」という名称で登場している。太陽は扶桑とふかく結びつき、太陽はこの宇宙樹を伝わって昇降する。アマテラスとタカミムスヒが一体の神話であったことをよく示している。

　扶桑は扶木ともいい、「湯谷《とうこく》（陽谷とも）のほとりに扶桑がある。十個の太陽が水浴びするところである。黒歯国の北にある。水の中に大木が生えている。九つの太陽が下の枝にいて一つの太陽が上の枝にいる」と、前漢時代成立の巫《ふ》のテキスト『山海《せんがい》経《きょう》』の「海外東経」に記述されている。

　扶桑は中国の古文献では東海の巨木となり（『淮

南子』、『海内十洲記』他)、さらに、山、島、日本国の意味に変化する。
アマテラスとタカミムスヒの神話の故郷も中国大陸南部にあった。

3　天孫降臨神話

アマテラスと深く関わりを持つ神話が天孫降臨神話である。天孫降臨とは、天上を支配していた神の子孫が地上の支配者になる物語である。

『古事記』では次のように展開する。

オオクニヌシの国譲りがあって、アマテラスと高木神(『日本書紀』ではタカミムスヒ)は日継ぎの御子のアメノオシホミミに地上への降臨を命じた。そのとき、オシホミミと高木神の娘トヨアキツシヒメとのあいだに子が生まれたので、その子ホノニニギを代わって天下りさせて瑞穂国を統治させることになった。猿田彦が八衢《やちまた》に現われて道案内した。五つの族長が供につき、三種の神器が与えられたのち、アマテラスは「この鏡を我が魂として祀れ」と命じた。ホノニニギは筑紫の日向の高千穂のクシフル峰に天下った。

天孫降臨神話には異文がある。

タカミムスヒがホノニニギをマドコオウフスマ(真床追衾)にくるんで降臨させた。三種の神器は登場しない。『日本書紀』の正書、一書四、一書六などである。

ホノニニギは稲穂を散布し、天空を輝かせながら高千穂の峰に降臨する。『日向風土記逸文』に伝える。

また高千穂町の高千穂神社伝承によると、長年人々を苦しめてきた荒ぶる神の鬼八《きはち》三千王を退

高千穂峰山頂

ホノニニギを祭る高千穂町の高千穂神社

高千穂峰山頂の天の逆鉾（天沼矛）

治した三毛入野命《みけいりぬのみこと》（神武天皇の兄）とそのゆかりの神々十神を祀ったが、あわせてこの地に天下ったホノニニギノミコト以下五神を祀り、本神とした。武神、農産業、厄払い、縁結びの神として広く信仰を集め、鎌倉幕府をひらいた源頼朝は、畠山重忠を代参としてここに派遣したという。

　高千穂峰は宮崎県と鹿児島県の県境に位置する火山である。山頂の天の逆鉾《さかほこ》はイザナギとイザナミが渾沌をかき回し滴った雫《しずく》がオノゴロ島となったという天沼矛《あめのぬぼこ》とされる。

　同じ高千穂町に鎮座する天岩戸《あまのいわと》神社西本宮の奥を岩戸川が流れている。その清流を十分ほど遡った河原一帯が天安河原《あまのやすかわら》である。アマテラスが弟スサノオの乱暴に耐えかね天岩屋に籠《こも》ってしまったときに、困りはてた神々が集まって会議を開いた場所という。岩戸川は、紅葉の季節に訪れてみたい川である。我々が訪れたとき、まえを観光客の夫婦が歩いていた。天安河原にはケルン状に石が積まれ、さながら仏教の賽の河原と同じ情景であった。

天孫降臨神話には先行する海外神話が複数存在する。これまでに提出されている説からみていこう。

朝鮮の檀君神話を挙げるのは『世界神話事典』である。

天孫の檀君が古朝鮮を開き、その始祖になったという筋である。『三国遺事《さんごくいじ》』（の「紀異巻一」）によると、天帝神話は次のように展開する。桓因《かんいん》の子桓雄《かんゆう》は、天符《てんぷ》印《いん》三個を父より授けられ、臣下三千人を率いて太伯《たいはく》山頂の神檀樹という神木の下に降臨した。そして洞穴にいた虎と熊が人間に成ることを祈っていたので、蓬《よもぎ》と蒜《にんにく》を食べて忌籠《いみごも》るよう告げると、熊だけが女となり、桓雄と結婚して檀君を生んだ。檀君は平城に都を開き、千五百年のあいだ国を統治したという。

天孫降臨神話の先行神話とされてきた朝鮮の神話には首露王神話もある。『世界神話事典』の「加羅諸国」による。同じく『三国遺事』からの引用である。

むかし、加羅国のできる以前、我刀《あど》干《がん》ら九人の首長が支配していた。金官国の亀旨《クイムリ》峰に神の声がして、「私はこの地方に新しい国をつくり、その王となるよう天上の神から命令されて降臨するので、皆は歌い踊りながら待つように」と伝えた。そこで人々が迎神の祭りを行なっていると、紫色の縄が天から垂れ、その縄のつくところに、黄金の卵が六つあった。我刀干らがこの卵を箱に入れて家に持ちかえると、十三日めに、六つの卵は童児に変わっていた。その中の一人は、金官伽耶《かや》（加羅に同じ）国の首露王になり、のこりの五人はそれぞれ五伽耶の王になった。

以上紹介した朝鮮二神話と天孫降臨神話の類似点について、松村武雄・三品彰英他の研究者が指摘している内容をまとめてみよう。

高千穂の町のくしふる神社。天孫降臨の地（『古事記』）

天岩戸神社西本宮の奥を流れる岩戸川

天岩戸神社（天岩戸を祀る）

天岩戸神社前の手力男命像

天安河原

檀君神話で、天神が子に三種の宝物を持たせ、風・雨・雲の三種の職能神を供に天下らせ、穀・命・病・刑・善・悪をつかさどらせる筋は、日本神話の三種の神器、五つの伴緒に当たる。檀という木が重要な意味を持つのは、日本神話のタカミムスヒの別名高木神と似ている。

『日本書紀』の正書に天孫の降臨した土地が高千穂のクシフルであったのは首露王神話の亀旨（クイムリ）に通じ、『日本書紀』一書第六に降臨した場所が高千穂のソホリの峰であったのは、朝鮮語の都の意味のソウルに重なる。

『日本書紀』一書第四、第六によると、ニニギは降臨するときにマドコオウフスマにくるまれている。

これは首露王が黄金の卵に入って天下り、褥《しとね》（のうえ）におかれることと共通する。

このようにみると、『三国遺事』の伝える朝鮮神話が日本の天孫降臨神話に影響を与えたことが認められる。

さらに、天孫降臨神話の北方要素を指摘したのが、大林太良『神話と神話学』であった。氏はモンゴル族のゲセル神話との類似を指摘しておられる。

至高神サガンは民の哀願を聞き、悪者退治を決意した。彼は天上の神々を集めて大評定を開いた。最初、サガンの子チュルマスを下すべきことが提案されたが、チュルマスは老齢を理由に自分の末子四歳のゲセルを推し、ゲセルは、①全天の神々の智謀、②祖父の持つ黒い軍馬、③兵の準備金、④祖父の蹄縄、⑤祖父の槍、⑥一人の妻を所望して、山上に天下った。

この神話と天孫降臨神話との類似を大林氏は次のようにまとめている。

A．天神の子が断り孫が天下る。B．天下る神は幼児。C．日本の三種の神器に当たる六種。D．荒らぶる葦原中国《あしはらのなかつくに》を平らげるために神々が集い天下りが行なわれた日本と同様に、蒙古でも荒らぶる下界の神々平定のために天の神々の評定が開かれた。

以上の指摘のうえで、大林氏は《北方系のアルタイ語系牧畜民文化を母体とした神話が日本へ入った》と結論づけた。

以上の先学の説について私の考えをのべる。

アマテラスは天上で稲田を作っていた。『日向風土記逸文』によると天孫ホノニニギは稲穂を散

広西チワン族自治区苗（ミャオ）族

モンゴル族住居「ゲル」

布し、天空を輝かせながら高千穂の峰に降臨する。瑞穂の国、穂《ホ》ノニニギ、などすべて稲に関わる語である。天孫降臨神話は稲作を伝えた物語でもある。この重要モチーフが牧畜民文化の北方アルタイ語系神話には存在しない。

朝鮮の檀君神話には穀物の神を率いて天下る筋がある。朝鮮の穀物は華南からきており、日本の稲作の主流も華南に由来する。朝鮮神話との類似を認定するまえに華南の地の同系神話を検討する必要がある。日本の天孫降臨神話の由来を従来の神話学の成果だけでは説明できない。

中国大陸南部に流布する稲作天授神話の主要なものを検討する（『中華民族故事大系』）。

広西チワン族自治区苗（ミャオ）族

天に姉弟の神がいた。ある日、姉は弟に地上に降り人間を治めるようにいった。弟は地上に降ったが、稲がなく、他の穀物も十分でなく、食物に困った。弟は姉に訴えた。姉は、「春になったら、私が稲の穂を天から蒔いてあげます」と約束した。その言葉通りに、春になると、大地に稲が芽を出し、秋にはたくさんの収穫があった。それ以来、人間は稲を栽培しつづけている。

この神話は日本の天孫降臨と重要なモチーフが一致する。

タイ（傣）族

雲南省ナシ（納西）族

①女神の命を受け、肉親の男神が天降っている。
②男神の降臨の目的は共に働いて人間を治めることであった。
③稲は天上から地上に蒔かれている。

雲南省ナシ（納西）族

大むかし、近親婚を怒った神は大洪水で人類を滅ぼした。皮鼓に入って一人生き残ったツォゼルウは天神の娘ツップブミと恋に落ちた。若者は、天神が課した七つの試練、一日のうちに九つの林の木を伐る、伐採した木を一日で焼き払う、焼け跡に穀物を撒いて収獲するなど、をツップブミの知恵に助けられてことごとく突破した。さすがの天神も二人の結婚を許し、馬、牛、銀椀、金椀、穀物の種子などを与える。二人は地上の多くの種族の祖先となる。

前半は洪水型神話であり、後半はスサノオとオオクニヌシの出雲神話と同型の難題聟である。しかも天神の娘が人間の男と結ばれて、天上から宝物、家畜、稲作をもたらす話となっている。

タイ（傣）族

遠いむかし、天に一柱の天神がおられ、広大な田地を所有し莫大な

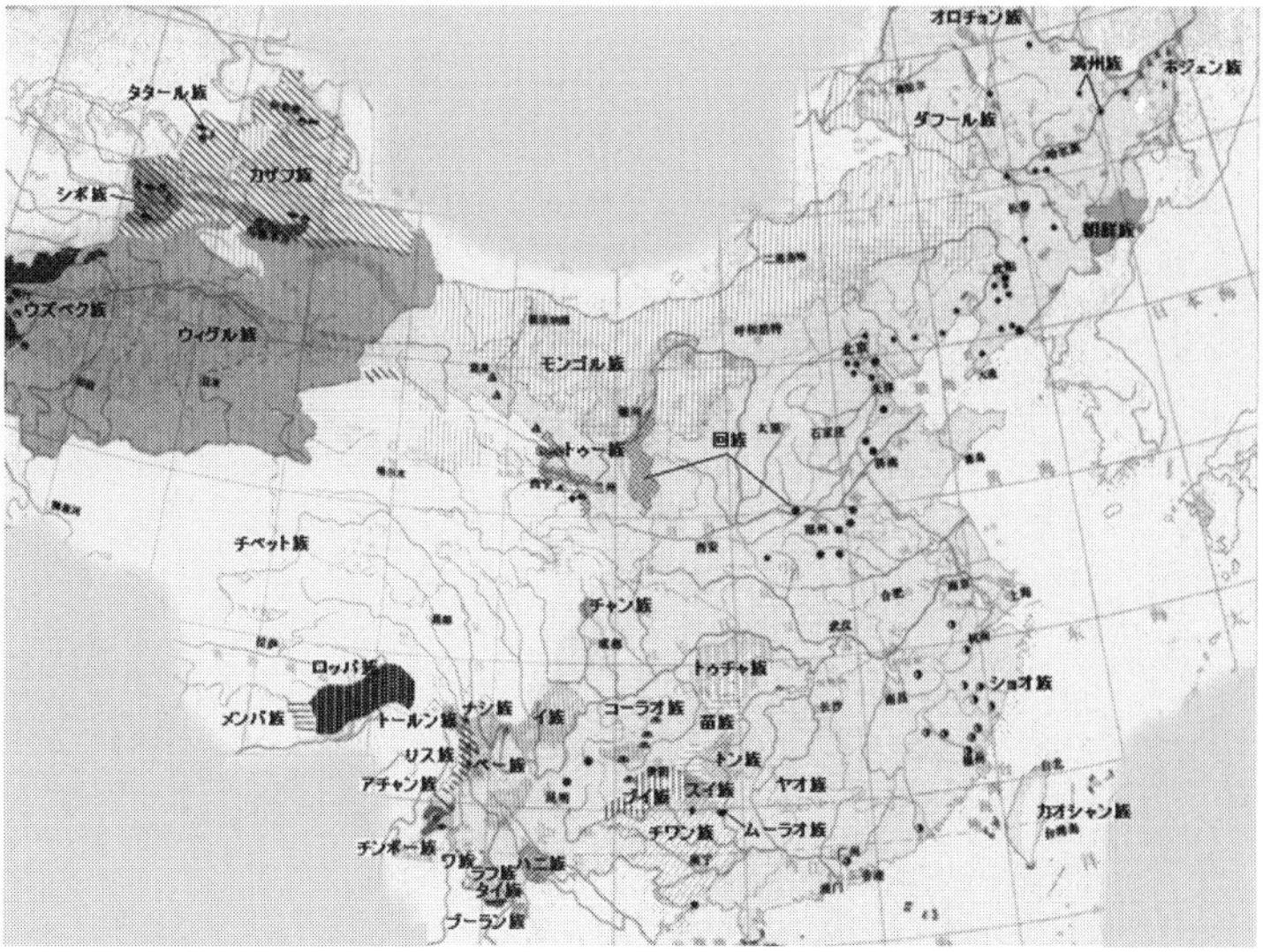

中国大陸の少数民族地図（『中学教師地図集』中国地図出版社、1995 より）

収穫をあげていた。そのころ、人類は穀物を知らなかった。木の実を取り、猟で餓えを満たしていた。ある日、天神の娘が空から人間の生活を見て同情し、父に穀物を人間に与えるよう頼んだが、父は承知しなかった。天女は父の目を盗んで一袋の穀物を盗んで人間に恵んだ。怒った父は彼女を牢に入れたが、逃げ出した天女はさらに多くの穀物と綿花を盗んで人間に与えた。天神は激怒して天女を犬にして下界に追い下した。人間は犬となった彼女に感謝し、毎年の一月の戌《いぬ》の日、魚肉、野菜、新米をまず犬に食べさせることにした。

犬が天上から穀物を盗み、人間に与える神話は華南の他の民族にも伝えられている。犬以外に燕、雀、鶴、鳳凰などが盗む神話もある。

雲南省トールン（独竜）族

洪水で生きのこった少年は、天神と出会い、虎の後について天に昇った。天神は二人の娘のうち一人を嫁にえらぶよう少年にいった。二人のうち、一人は魚の嫁になることを願っていたので、少年はもう一人の木美姫をえらび、地上に伴った。そのとき、天神は穀物の種、鳥獣、蜂の種、薬酒などを土産にくれた。利口な木美姫は父が稲の種をくれなかったことに気付き、稲倉から稲籾を盗み出した。天神は二人に途中けっして振り返るなと警告した。しかし、鳥獣の吼《ほ》え声で姫が振り返ったために多くの動物が逃げ去り、牛、豚などわずかな家畜がのこった。五穀の種は持ち帰ることができた。天神は地上に稲が生長しているのを見て驚き、収穫物の一部を天上に回収した。実のない空の穀粒があるのはそのためである。

これまでの記述をまとめよう。

天孫降臨神話の骨格は、A 天上の神たちが宝器を持って地上に降って支配者になる宝器神話、B その際に天上から穀物、ことに稲を地上にもたらした稲作神話、の二系列となる。

このうち、Aの宝器の系列は北方アルタイ語系諸民族の山上降臨型神話によって形成された。しかし、Bの稲作神話の系列は、中国南部の少数民族農耕民の天から穀物をもたらした神または人が地上の人類の祖先または支配者になる神話によって形成された。このBのモチーフは大陸から直接に伝来したものと、朝鮮半島で北方系神話と習合してから日本へ伝来したものと、大別して二系列あった。この二系列は、日本への水稲作伝来ルートに対応している。

このBの系列と結合して、中国南方農耕民の稲魂《いなだま》信仰、太陽信仰なども日本へ伝来していた。

アジアの稲の起源地は中国の長江中流域と決定している。一九九五年に湖南省玉蟾岩《ぎょくせんがん》遺跡から一万二千年前の栽培稲の稲籾が発見され、すこし遅れて隣接する江西省仙人洞遺跡からも一万二千

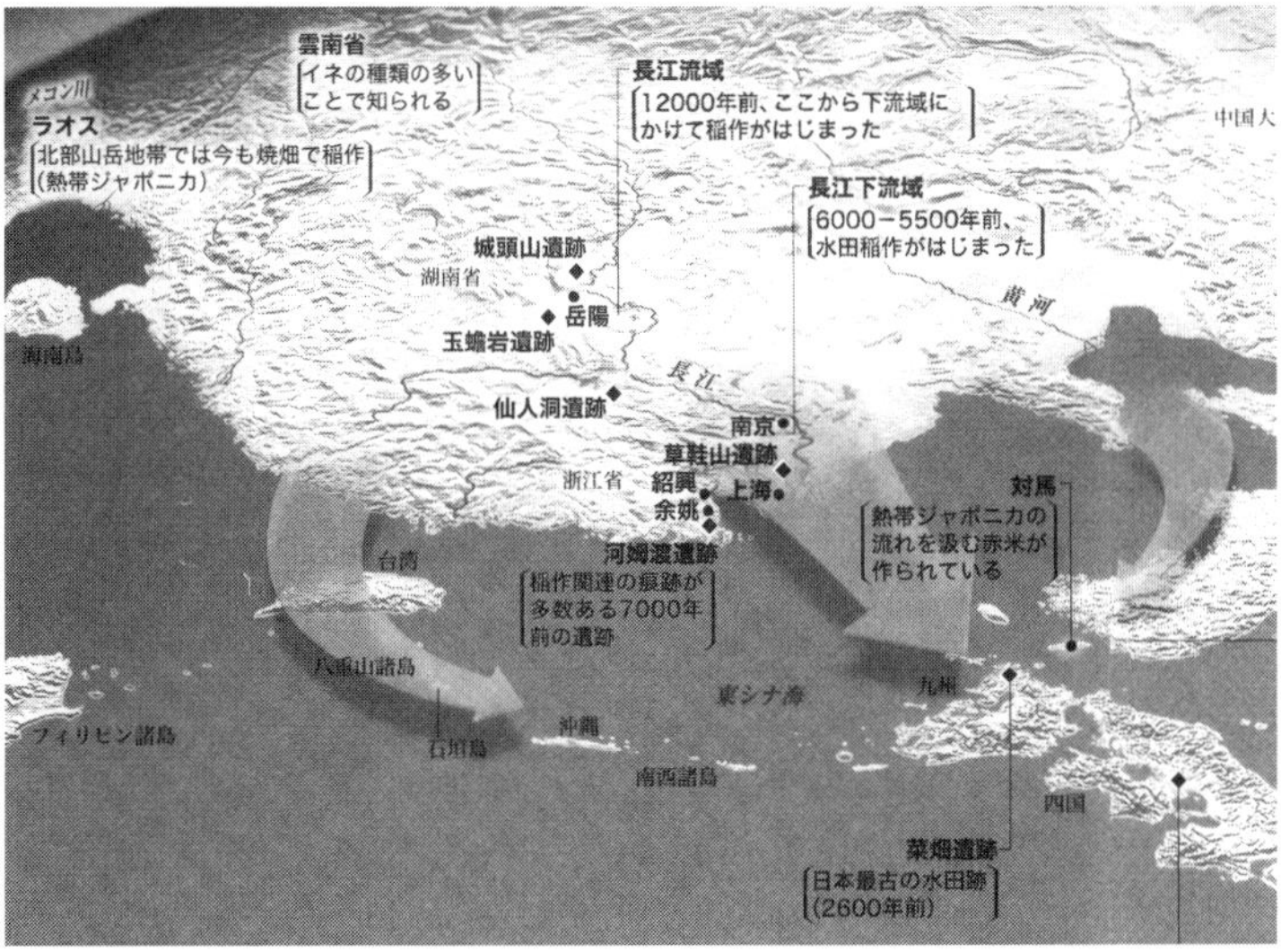

陸稲・水稲の稲作の起源地と日本への伝来ルート
浦林竜太「イネ、知られざる１万年の旅」(『日本人はるかな旅４』日本放送出版協会）より

年前の栽培稲が発見された。

日本で稲作が始まったのは縄文時代前期の鹿児島県で六千年前、焼畑で耕作された熱帯ジャポニカであった。水田稲作での温帯ジャポニカは縄文晩期の二千六百年前の佐賀県の菜畑遺跡である。二〇〇四年に国立歴史民俗博物館が、放射性炭素年代測定で弥生土器付着の炭化米の測定結果を発表し、弥生時代は紀元前十世紀に始まるとした。野生稲は籾の先端の芒《のぎ》が長く、栽培稲では短くなっている。

日本の水田稲作は、直接に中国から日本へ伝来したものと、朝鮮半島経由の二系列があった。これはまさに天孫降臨神話の二系列に対応している。

日本の古代文化の本質を稲作文化と考える説がある。柳田国男に代表される日本の民俗学は長く日本文化を稲作文化と規定してきた。

しかし、これには反対説もあった。宮本常一・坪井洋文・網野善彦・佐々木高明・杉山晃一らの各氏が唱えていた。

主要な反対論は次のように主張された。弥生時代初期から中期、日本人は、炭水化物の総摂取量の半分以上を米以外の雑穀やイモ類から取っていた（佐々木高明『稲作以前』）。米が日本人の唯一の主食と考えられたのは江戸時代の状況を中世にあてはめ、二つの時代が同質的に連続しているとみなしたためであった。若狭のような稲作地帯でも日常食は雑穀であった（網野善彦『日本中世の民衆像─平民と職人』）。

このような説のあることを承知のうえで、私は日本古代の本質を稲作文化と考える。そこには二つの理由があげられる。

第一の理由は、華南文化と日本古代文化が同質の稲作文化で結ばれていることである。さきほど説明したように、アジアの稲の起源地は中国長江中流域と決定している。湖南省玉蟾岩遺跡から一万二千年前の栽培稲の稲籾が発見されている。一九九五年のことである。その年、湖南省の首都長沙で開催された考古学学会に参加した私は、この稲籾を顕微鏡で確認した。すこし遅れて隣接する江西省仙人洞遺跡からも一万二千年前の栽培稲が発見されている。この遺跡も私は現地調査で確認している。

仙人洞遺跡

水稲稲作は直接に、朝鮮半島経由の間接に、二つの経路で日本へ渡ってきた。稲作一辺倒論は否定されなければならないが、稲作文化が日本古代文化の重要な根幹をなしていることは否定できない。

第二の理由はアマテラスを中心とした王権神話である。

すでにみたように日本の王権神話の中心にはアマテラスが存在する。アマテラスの本質の最重要要素は稲魂である。稲の文化は、日本の古代文化の本質を形成しただけではない。稲の文化を誕生させた「大地、女性、太陽」という三大要因は、日本の歴史を貫流し、いまも日本人の精神と文化を支えている。以上は、私が著書『大地　女性　太陽　三語で解く日本人論』で詳述したことである。

4　ヒメ・ヒコ制で解するアマテラス

アマテラス神話には、姉の妨害をする弟としてスサノオが重要な役割を帯びて登場する。この姉弟神をどのように解釈したらよいのか。『古事記』を中心に神話の筋を追ってみよう。

イザナミは黄泉《よみ》の国へ去った。その後を追ったイザナギは、妻のことばにそむいて死体を見た。「見るなの禁忌」を犯したイザナギはヨモツシコメ（黄泉醜女）らに追いかけられたが、桃の実などの呪力で逃走し、黄泉の国と現世との境を巨大な岩でふさいでしまった。

黄泉の国からのがれたイザナギは、筑紫の阿波岐原《あわぎはら》で禊《みそ》ぎをした。そのとき、左眼からアマテラスが、右眼からツクヨミが、鼻からスサノオが誕生した。三貴子が誕生したことをよろこんだイザナギは、アマテラスに高天原を、ツクヨミに夜の世界を、スサノオに海原の支配を命じた。スサノオは父の命令に従わずに泣きつづけたので、イザナギは根の国に追放してしまった。

スサノオは根の国におもむくまえに高天原のアマテラスをたずねた。スサノオの荒々しさをおそれた姉の疑いをはらすために、天《あめ》の安河《やすかわ》をなかにはさんで姉と弟は誓約《うけい》を行なった。アマテラスはスサノオの剣を嚙みくだいて三柱の女神を誕生させ、スサノオはアマテラスの玉を嚙みくだいて五柱の男神を誕生させた。

誓約のあと、勝者としてふるまったスサノオは、田を破壊し、大嘗《おおなめ》の御殿を汚し、神聖な機織屋に逆はぎにした馬の皮を投げこむなどの乱暴をはたらいた。おそれたアマテラスは天岩屋戸にこもった。

高天原を追放されたスサノオが食物をオホゲツヒメにもとめたところ、鼻・口・尻などから食物を出したので、汚いと怒ったスサノオはオホゲツヒメを殺害した。殺害されたオホゲツヒメの身体から五穀や蚕が生じた。

天上界を追われたスサノオは根の国へむかう途中、出雲の肥《ひ》の河のほとりで、アシナヅチ、テナヅチの夫婦と娘クシナダヒメに会う。娘はヤマタノオロチという八頭八尾の大蛇にくわれる運命にあったが、スサノオが八つの瓶《かめ》につよい酒を用意させ、大蛇が酔って寝ているすきに斬りころした。そのとき、大蛇の尾のなかから出現した剣をスサノオはアマテラスに献上した。スサノオはクシナダヒメと結婚して出雲の地に住んだ。この二神の子孫からオオクニヌシが誕生した。

このアマテラスとスサノオの関係は、さきに（「I　2　ヒメ・ヒコ制とオナリ神信仰」）紹介したヒメ・ヒコ制とどのように関わるのか。両神は、イザナギが筑紫の阿波岐原で禊ぎして誕生させた神である。アマテラスが姉、スサノオが弟であることは確かである。しかも、父から姉が高天原、弟が海原の支配を命じられている。以上の点ではオナリ神信仰・ヒメ・ヒコ制の範疇に入る存在であることは確かである。しかし、つづく、天の安河の誓約では、アマテラスはスサノオの剣を嚙みくだいて三柱の女神を誕生させ、スサノオはアマテラスの玉を嚙みくだいて五柱の男神を誕生させている。ここでは、両神はたがいに相手の宝器から新しい神を誕生させており、夫婦神としての性格をも示し、オナリ神信仰から大きく逸脱している。
この逸脱はその後の展開でますます大きくなり、それ以降、スサノオは、アマテラスの対抗神としての性格をつよめ、ついには、出雲の地に追われている。

ここまでみてくると、スサノオとアマテラスは、姉が祭祀、弟が俗事を担当し、相互に助けあうというヒメ・ヒコ制からは外れて、その信仰とは無縁な神話のように解される。しかし、出雲の地で三種の神器の一つの剣を入手してアマテラスに献上し、最後は出雲に鎮座している。のちに詳述するように、奈良を中心に大和政権を確立した古代日本にとって、出雲は国外であり、対外勢力の象徴であった。スサノオは、いわば、大和の軍事力として出雲の制圧に努めたのであり、大和の祭祀を担当した姉のアマテラスを助けた存在であった。この点に注目すれば、広義のオナリ神信仰がアマテラスとスサノオの関係にあったことは確かである。

出雲神楽で演じられる大蛇退治のスサノオ

ここでアマテラスの本質について重要な問題が生じてくる。アマテラスは巫女なのか、神なのか。あるいは、人間として日本を統治したのか。
オナリ神信仰は姉妹の霊性が肉親の兄弟を守護することである。そのときに姉妹は自身で霊性を持ち、兄弟が危機に陥った際には白鳥になって現地に飛ぶという。このときの姉妹はあきらかに神である。人為的な宗教の神仏ではないが、より広範囲な信仰対象となっている自然信仰の神である。しかし、姉妹は兄弟に手ぬぐいや毛髪を持たせ、東南アジアの信仰では、イカットとよばれるかすりの布を持たせる。このような民俗では姉妹は神から神の力を利用する巫女に変わっている。

我々現代人は神に奉仕する巫女・シャーマンと信仰対象の神を峻別する思考法に慣れさせられている。しかし、神と人の交流を信じていた古代の人々にとって神とシャーマンはしばしば一体とみなされていた。

アマテラスの本質は太陽神、稲魂、大地母神の三神を兼ねた神であった。しかし、アマテラスはそれらの神に仕える巫女でもあり、ときには人間でもあった。

『古事記』によれば、アマテラスは、水田を作り新嘗祭を主宰している。これは神のなすべきことではなく、人間の仕事である。ことに、新嘗祭の主宰は、巫女の業務であり、さらに祭司（神主）でもあった。

アマテラスが、人、神、巫女、祭司を兼ねた存在であったということは『日本書紀』からも読み取ることができる。

アマテラスは、ツクヨミに殺害されたウケモチノカミの身体から生じた五穀のうち、アワ・ヒエ・ムギ・マメを畑に、稲は水田に植えて大きな収穫をあげている。スサノオと誓約して、オシホミミ、天上界の霊力ある稲の神の名を持つアメノホヒなどを生んでいる。天上で水田を耕作し、新嘗を主宰している。第二の一書によると、ニニギの降臨の際に高天原の田で収穫した稲穂をさずけている。

このように記述される『日本書紀』のアマテラスは、人、神、巫女、祭司を兼ねた性質を持っている。この四者を兼ねることは、アマテラスに特有なことではなく、アジアの古代信仰の一般的現象であった。古代の信仰形態を現在に保存している沖縄の久高島《くだかじま》の調査結果に探ってみよう。

久高島は、ノロを頂点とした祭祀組織によってイザイホーや数多くの年中行事を行なってきた。ノロ制度は第二尚氏の時代、およそ四、五百年前に確立し、久高島に入ってきたといわれる。それ以後、久高島は王府によって特別な地位が与えられていた。納税は免除。国王も毎年この島を訪れた。琉球王国の祭祀組織のトップ、聞得大君《きこえおおきみ》は久高島の外間《ほかま》ノロによって霊力（セジ）を与えられて就任した。王府は久高島を神の島として崇めることによって国を治めてきた。

久高島は琉球の祖神アマミキヨが初めて降り立った場所、五穀が初めてもたらされた場所とされ、数多くの神話が祭りのなかで伝えられている。十二年に一度行なわれる祭り、イザイホーで有名であったが、一九七八年以降途絶えた。しかし、いまだに年間二十数回に及ぶ島単位の祭り、べつに、多くの家や親類単位の祭りがのこっている。祭りにはかならず御願立てと結びがあり、神様に願い事をしたら、感謝して終結する。

久高島の位置。
沖縄県南城市知念字久高

イザイホーは、七つ橋を渡り七つ家に入り、母の胎内で生まれ変わる儀礼である。七つは七種の神の意味である。

久高島には、古くから「男は海人、女は神人」の諺が伝わる。男たちは成人して漁師になり、女たちは神女になる。これは琉球王国の信仰基盤となるオナリ神信仰を象徴する。すべての既婚女性は三十歳を超えるとこのイザイホー儀式を経て、神女になる。イザイホーは十二年ごとの午年の十

もう一つの祭殿久高殿。長くノロ不在　イザイホーの聖地

島の祭殿外間殿。太陽、月、竜宮、植物、健康、国の創造、全ての神の総帥天の神の七種の神が祀られる

旧暦八月九日の村祭りカシキー。豊作祈願、女性中心、頭にクバ。時刻・場所はノロが決定する。

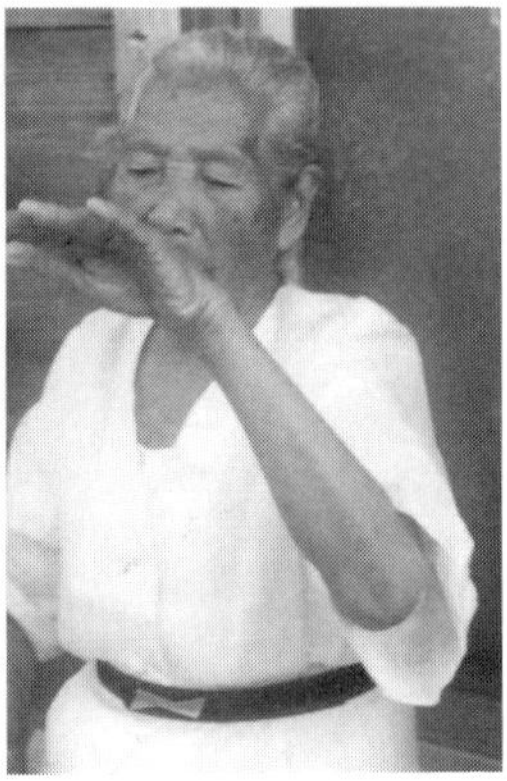

島のユタ。神がかりして踊り出す。神女とは別種の私的巫女

一月十五日から四日間行なわれた。儀式は、ニルヤカナヤ（ニライカナイ）から祖先神を迎え、その神々の霊を受けて新しい神女を認証してもらい、島から去る祖先神を送るという儀礼であった。

　史料によると、イザイボーは六百年以上の歴史を持ち、祖先神信仰の儀礼として日本の祭祀の原型を留め、天皇家の大嘗祭とも共通する。参加できるのは、島出身で島の男性に嫁いだ人で、一九七八年は八名、一九九〇年は該当者がいなかった。実際には旧十月中の壬《みずのえ》の日に行なわれる御願立てから始まり、結びが行なわれるまで一か月を要する。

イザイホーを通じて女性はナンチュと呼ばれる神女に生まれかわり、男兄弟を守護する姉妹神、家・村の繁栄と安全を願う神女となる。

外間と久高は新旧・東西・公私・外内の関係にあり、のちに詳述する本土の伊勢神宮と出雲大社の関係に対応している。

このようにみてくると、久高島のノロは人、神、巫女、祭司の四者を兼ねており、アマテラスと同一であった。古代の女性がこの四者を兼ねることは、アマテラスに限られることではなかったのである。

このように、日本の古代祭祀の中心には女神がおり、祭祀者も女性であった。男性は俗事を担当し、女性は神事を担当した。現世の秩序はこの男女の協力で維持され、俗事と神事は分かちがたく結合していた。日本国家の成立は、この古代史の真実を読み解くことが絶対の必要事であった。西欧歴史学だけでは解明できないのが日本の古代である。

Ⅲ　神社の統治と日本国家

1　伊勢・出雲・三輪の三社の関係

伊勢、出雲、三輪。日本の代表的神社三社の位置関係を地図のうえで見ると、奈良県桜井市の三輪大社を中心に、東の三重県伊勢神宮と西の島根県の出雲大社が東西一直線上の位置にあることが分かる。

この地図上の位置関係は、日本国家誕生に果たした三社の役割の象徴でもある。この三社の設立の理由、事情、そしてその神話化の過程のプロセス解明こそが、日本国家誕生の秘密を解明するための直接の手掛かりとなるのである。

大神神社は山をご神体として拝殿だけ、伊勢内宮は本殿だけ、出雲大社には本殿と拝殿がある。この違いは神社の成立時期の違いの反映である。

2　出雲大社の創建

出雲大社が創建された事情を『古事記』の「国譲り」の個所では、大国主神が、アマテラスの仰せを受けて、天つ神の子孫たちに葦原の中つ国をゆずりわたすことを承知したのちに、自分の住まいを求めたとして次のように叙述している。

「この葦原の中つ国は、天つ神の仰せのままにすっかりさしあげましょう。ただ私の住まいをば、天つ神の御子が皇位におつきになる壮大な御殿のように、地底の岩盤に宮柱を太くたて、高天原に千木《ちぎ》をたかくそびえさせてご造営くださるならば、私は多くの曲がり角を通過してゆく遠いところにかくれておりましょう。また私の子どもの多くの神々、コトシロヌシノカミが行列の前後となってご奉仕申しあげるならばそむく神はございません」とお答えした。そのことばのとおりに、出雲のタギシの小浜《おはま》に立派な宮殿が造営された。

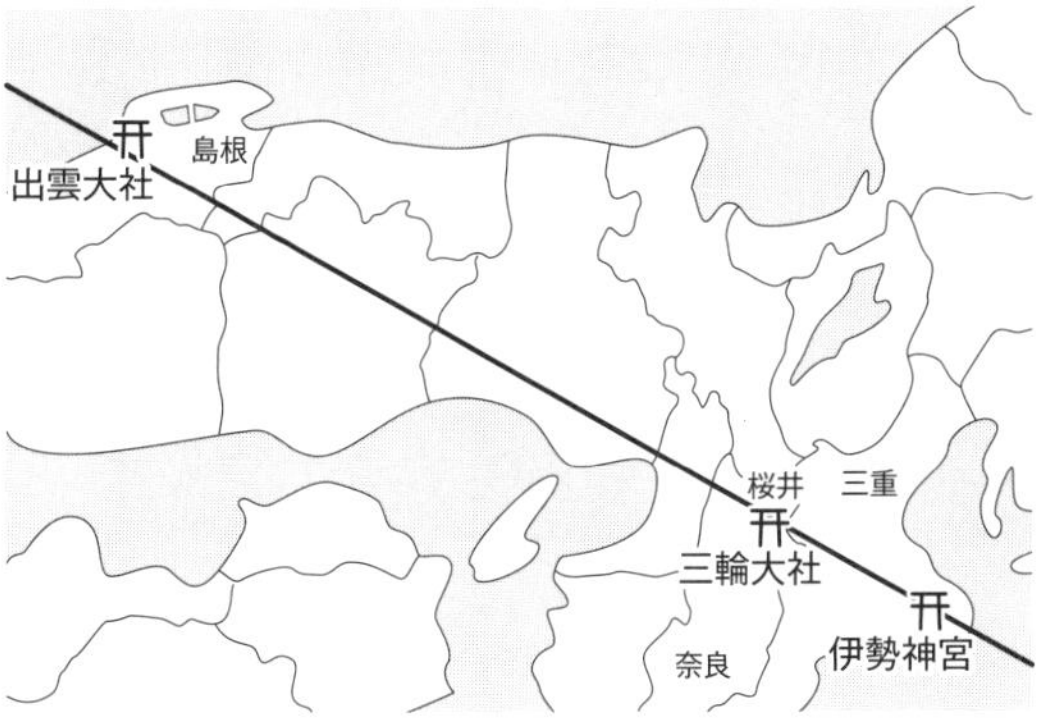

奈良の桜井の三輪大社を中心に東の三重の伊勢神宮と西の島根の出雲大社

同じ出雲大社の創建が『日本書紀』では、主神がアマテラスからタカミムスヒに変わっている。

スサノヲの六代の孫の大国主は人間の住む世界である葦原中つ国の平定を成し遂げ、国作りを始めた。大国主はスクナビコナの協力を得て苦労した末、葦原の中つ国の国作りを完成させた。完成した葦原の中つ国は賑《にぎわ》い栄えた。

天上から見ていたタカミムスヒは、葦原の中つ国は自分の子が治めるべきであると言い出し、国を譲るように伝える使者を地上に派遣した。しかし、使者たちは連絡を絶ち、伝達は成功しなかった。度重なる失敗の後に派遣されたのは、タケミカヅチとアマノトリフネの二神だった。二神は出雲の国の稲狭《いなさ》の浜に降り立ち、大国主に国を譲るように迫る。大国主はしぶり、コトシロヌシとタケミナカタの二人いる息子に聞いてくれと言う。息子の一人であるコトシロヌシは国譲りを承諾するが、もう一人の息子タケミナカタは承服せずタケミカヅチに力比べを申し入れる。タケミカヅチはそれを圧倒し、タケミナカタを諏訪の湖《うみ》まで追い詰める。タケミナカタはこの地から出ないことを誓い、服従する。その後大国主に再び国を譲るように迫った。大国主は国を譲る条件として、天の御子が住むのと同じくらい巨大な宮殿に住まわせてほしいと言った。これが出雲大社の起源である。

この両書の記述に共通する点は、地上世界の葦原の中つ国の先住統治者は大国主であり、アマテラス、タカミムスヒなどの天つ神は後来の統治者であったという重要な事実である。

大国主がスクナヒコナと協力して統治した国が葦原の中つ国で賑わい栄えていたが、アマテラスやタカミムスヒが、子孫の治めるべき国として国譲りを迫ったというこの記述は、面白い問題を提供している。

大国主が関係する国譲りは二つあった。第一の国譲りは三輪の国譲りである。大国主は、アマテラスを奉戴する大和政権が建国しようとした国家の中心の桜井（三輪）の先住神であった。大和政権はまず三輪の地を治めるために大国主に国譲りを迫った。次に大和政権は国外として出雲の地の統治を目指し、すでに出雲に送り込んでいた大国主に再度の国譲りを迫り、抵抗を受けたのであった。第二の国譲りである。

大国主の統治した葦原の中つ国はアマテラスやタカミムスヒが統治した高天原に対し地上の国であった。これまで、出雲大社の創建事情や国譲りの神話と結びつけて理解されてきたために、国譲

桜井市大神神社（三輪大社）拝殿

天照大神を祀る伊勢内宮

大神神社三輪山山上奥津磐

大神神社拝殿右の登山口

神の山三輪山と鳥居

出雲大社遠景

りは出雲の地と考えられてきたが、「Ⅲ 5 大国主と三輪大社」の節や「Ⅷ 4 三種の神器の誕生」の節でくわしく説明するように、大国主が統治していた葦原の中つ国ははじめ大和の三輪の地であり、のちに出雲の地に移動したのである。従って、大国主の国譲りは二回あったのである。

この事実の前提のうえに『古事記』と『日本書紀』の記述の違いを整理してみよう。

司令神が『古事記』の女神アマテラスから『日本書紀』の男神タカミムスヒに変わる。『日本書紀』の成立した元正天皇の養老年間、すでに男性天皇の地位が確定した時代の反映である。『古事記』では、大国主の祭祀の場所がすぐに決まったのではなく、大国主の申し出で遠方の出雲が選ばれた。出雲の秩序の不安定さの表現である。『日本書紀』では派遣した多くの使者がもどらず、力比べやタケミナカタなどの抵抗にあっている。大和以外の国外統治の苦心の反映である。

出雲大社の本殿は北に位置し南に入り口がある。南北軸を重視する中国の方位観の影響下にある。しかし、神座が西にむいているのは、西が海に面し、日没の方向にむかっているからで、神座は東西軸重視の太陽信仰に従っている。注連縄《しめなわ》の左綯《ゆ》いは、中国古代の南北軸重視の世界観のなかで、向かって右回り（北から見ると左回り）を天、君主、雄、男、陽とするのに対し、左回りを地、臣下、雌、女、陰とする観念に従っている。出雲大社祭壇の西向き、注連縄の左綯いは、伊勢神宮の主・陽に対する出雲大社の臣・陰という本質を示し、王権に対する臣下という関係を現わしていた。

大和の王権によって作成された『古事記』『日本書紀』のなかに、なぜこれほど重要な役割をおびて出雲が登場してくるのかという問題。これに対する解答は大きく二つの方向を示している（水

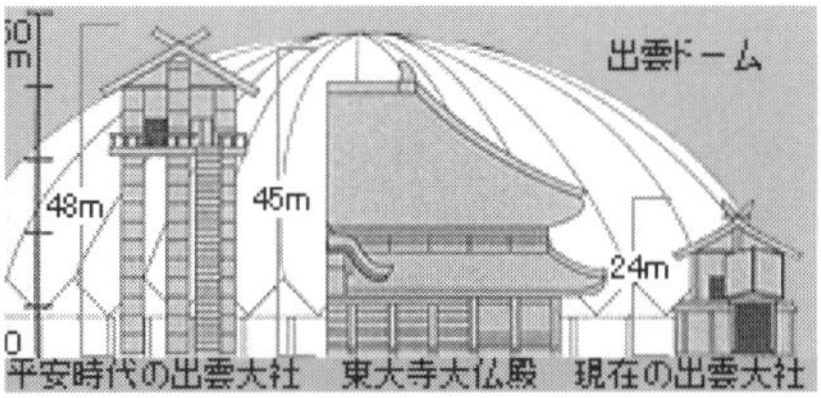

平安時代の出雲大社の巨大神殿

大和権力の司令で造られた出雲大社

西を向く神座、向かって左綯いの注連縄

野祐『古代の出雲と大和』）。
　A　神話における出雲は現実の出雲国ではなく、大和に対する反対概念として精神史的に成立した世界であるとする方向。
　B　なんらかの形で大和国家が出雲地方を征服したことを前提として出雲の伝承を解釈しようとする方向。
『古事記』『日本書紀』に登場する出雲については、神話か史実かという二つの見方がからみあって存在している。しかし、統治は、神と人の両方の制御によって完成するという古代の信仰の反映であり、いずれにしても国内の大和に対する国外が出雲であった。

　出雲大社の特性は伊勢神宮とは異なっている。高天原側が大国主命のために建てた宮殿を『日本書紀』の第二の一書は「天日隅宮《あまのひすみのみや》」とよんでいる。太陽の没する地にある立派な宮殿という意味がある。『古事記』や『日本書紀』からひきだすことのできる出雲大社の特性は次のようにまとめることができる。

巨大神殿　国譲りの地　日没の地　死者の国　葦原の中つ国

　このうち、巨大神殿や国譲りの地であることについてはすでにみた。日没の地は「天日隅宮」の名称からうかがわれる。『出雲国風土記』には「天日栖宮」とある。同じ意味とみてよい。また、死者の国は、『古事記』のイザナギの黄泉国訪問の個所に「そのいわゆる黄泉比良坂《よもつひらさか》は、今出雲国の伊賦夜坂《いふやさか》という」とあって、死者の国である黄泉国への入り口は出雲の伊賦夜坂であるとのべている。また出雲が葦原中つ国でもあったことはタカミムスヒとアマテラスが相談して、「この葦原の中つ国は、わが御子のおさめられる国」であるとして、出雲国へ使者を派遣されたことであきらかである。国譲りを迫り、そして抵抗を受けたのであった。

　出雲大社は、神話としても事実としても伊勢神宮を補完する神社であった。

　すでにふれたように、大国主は本来大和の中心三輪の地の先住神であった。大和朝廷が、この地に建国するときに、この神を制圧して、出雲を統治するための使神・先兵として送り込んだ神であった。出雲にはすでに出雲大神という先住神がいたが、アマテラスの使神スサノオがこの出雲大神を抑え込んで、大国主を後続神として送り込んだのであった。

黄泉比良坂入口

3　伊勢神宮の創建

　伊勢神宮が創建された事情について、『日本書紀』には次のように説明される。

崇神天皇六年

五年に国内に疫病が多く、六年には百姓が離散し、なかにはそむく者さえいた。その勢いは皇徳をもってしてもおさめることができなかった。そこで天皇は早朝から政務にはげみ、天神地祇に謝罪を乞われた。これより先、天照大神・倭大国魂《やまとのおおくにたま》の二神を皇居に祭っていたが、神威を恐れ、二神とともに住むことに不安を感じられ、天照大神を豊鍬入姫命《とよすきいりびめのみこと》に託して大和の笠縫邑《かさぬいむら》に祭り堅固な神域をつくった。また倭大国魂神を渟名城入姫命《ぬなきいりびめのみこと》に託して祭らせた。ところが渟名城入姫命は髪が落ち身体はやせほそって神を祭ることができなかった。

垂仁天皇二十五年

春二月、天皇は先帝崇神天皇にならって天神地祇の祭祀につとめることを宣言された。三月、天照大神を豊鍬入姫命からはなして倭姫命《やまとひめのみこと》に託された。倭姫命は鎮座する場所をもとめ、大和の宇陀、近江、美濃とめぐり、天照大神の神託にしたがって、社を伊勢に建て、斎王宮を五十鈴川のほとりにつくらせた。こうして伊勢国は天照大神がはじめて天から降臨された地である。

伊勢神宮の創建について詳しい『日本書紀』に対し、『古事記』は簡単に次のように記すだけである。

崇神天皇の条

トヨスキノヒメノミコトは伊勢の大神を拝み祭った。
垂仁天皇の条
ヤマトヒメノミコトは伊勢大神宮を拝み祭った。

わずかに以上の記述があるにすぎない。伊勢大神宮はすでに創建されていて、その前提のうえで斎宮の姫宮の名をあげるだけである。この違いは、『古事記』が信仰の記述に力点を置くのに対し、『日本書紀』は信仰と並んで政治の記述にも力を注いだ結果であろう。

伊勢の内宮の祭祀が決定するまでに祭祀者、場所が揺れている。崇神天皇の時代には、祭祀者、場所ともに治定《じじょう》せず、国内大和、大和以外の国外の世情が安定しなかった。垂仁天皇は、アマテラスの祭祀者を豊鍬入姫命からはなして倭姫命《やまとひめのみこと》に託された。倭姫命は鎮座する場所を求め、大和の宇陀、近江、美濃とめぐり、天照大神の神託にしたがって、神社を伊勢に建て、斎王宮を五十鈴川のほとりにつくらせた。

祭祀者を変えたことは、憑霊能力の高さの違いと大和の巫女の選択であろうし、場所を伊勢に決定したのは、すでに祀られていた西端の出雲大社と対称の東端に土地を選択したためと考えられる。太陽女神アマテラスにふさわしい東西軸の重視である。

天照大神の副神ともいうべき位置にあるのが外宮の豊受大神《とゆけおおみかみ》である。この神が外宮に祀られた理由の説明は『古事記』『日本書紀』には見えず、天孫降臨の伴をした神として「トユケノ神、これは外宮の渡会《わたらい》に鎮座なさる神」(『古事記』)とあるのみである。外宮の縁起を記す『止由気宮儀式帳』(延暦二十三年〔八〇四〕成立)には大略次のように伝えられている。

第二十一代、雄略天皇の御世、ある晩天皇の夢に天照大神が現れ給い、「自分ひとりでは不便で食事もやすらかにはとれない。丹波国比沼の真奈井にいるわが御饌《みけ》の神、止由気大神をよびよせ給え」と告げられた。天皇は驚いて目覚め、丹波の国から伊勢の度会《わたらい》の山田に大神を移し、そこに神社を造営された。

豊受大神の豊は美称であり、「うけ」は食物を意味する「うか」の転化した語であることからも、この神は食物の神とみられる。そこから記紀神話に登場してくる倉稲魂《うかのみたま》命、大宣都比売《おおげつひめ》、保食《うけもちの》神などと同一神格であろうとする説が出されている。これらの神々は、いずれも天照大神とのふかい関わりのなかで語られている食物の神であった。天照大神は穀霊であり豊穣の女神である。本来は豊穣にともなう汚濁性のようなものも身に帯びていたはずであった。食物をつくりだすことはきれい事だけではすまない。

伊勢外宮

天照大神が皇祖神、日神としての神格を上昇、純化させていったときに、その多様な性格のなかから、豊饒性と汚濁性を分与され、増強された神がこれらの食物神であった。大宣都《おおげつ》（や保食《うけもち》）が身体から有用な食物を出しながら不潔としてスサノオやツクヨミに斬殺されているのは、生産に必然的にともなう汚濁性のためであった。

父の崇神天皇の時代に伊勢神宮の祭祀が未完に終わったのは、国内の治安・統治の未完の象徴であり、子の垂仁天皇の時代に伊勢神宮祭祀が完成したのは、国内統治の完了の反映であった。

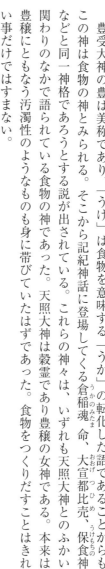

出雲大社本殿背後の八雲山

出雲大社境内の大国主像

4　大国主とスサノオ

出雲神話における大国主とスサノオの関係は子と父または子孫と祖先である。『日本書紀』本文では大国主はスサノオの御子とあり、『古事記』と『日本書紀』の第二の一書には六世の孫、『日本書紀』第一の一書には五世の孫となっている。また、両神の性格については、国土生成神・豊穣神・農業神・医療神・武神（大国主神）、暴風神・英雄神（スサノオ）など多様な解釈がこれまでになされてきた。しかし、はっきりしているのは、この両神が一対となって相互に補完するかたちで、出雲世界形成の役割をはたしていることであり、その際に、スサノオが大和政権の武力を主としてうけもっていたことである。

出雲大社の本殿の後ろに「八雲山」という山がある。この八雲山こそが出雲大社の御神山であり、御神体そのものである。この八雲山は現在は禁足地になっており、山に入ることは許されない。

八雲山の麓、八雲山を背にする位置に「素鵞社《そがのやしろ》」という摂社があり、スサノヲが祀られている。

スサノオは本来は出雲制圧のための武力の象徴であり、出雲

素鵞社

大社境内の青銅鳥居

本殿背後の素鵞社

の八岐大蛇《やまたのおろち》退治はその神話化であった。背後の摂社に祀られたのは出雲大社の監視役であったからである。

出雲大社の本殿の背後、八雲山の麓にある摂社素鵞（そが、須賀とも）社の祭神がスサノオであり、大国主命とスサノオは主神と摂社神の関係にあったとみられるが、平安時代のころから大社の祭神として大国主と混同されていった。すでに『延喜式』（九二七年成立）「神名帳《じんみょうちょう》」にその兆候が認められ、大社境内の寛文六年（一六六六年）六月に毛利輝元の孫綱広が寄進した青銅鳥居の銘文では「素盞嗚命は雲陽の大社の神なり（もと漢文）」とあって（上の写真左下）、あきらかに出雲大社の祭神をスサノオとしていた（千家尊統『出雲大社』）。スサノオの位置が次第に上昇していき、やがて大国主を超えていったことが分かる。

この変化は、大国主が本来三輪の神であり、出雲大神制御の役割を果たしたのち、故郷の三輪の地に戻ったことと関わっていた。次の節で詳述する。

5　大国主と三輪大社

大国主神は本来三輪の地に祀られていた先住神であった。つまり、大和朝廷に先んじて奈良の地を治めていた神であった。

大国主について『古事記』の上巻には、五つの異名が記される。

大国主神は、大穴無遅神《おおあなむじのかみ》、葦原色許男神《あしはらしこおのかみ》、八千矛神《やちほこのかみ》、宇都志国玉《うつしくにたま》神と五つの名がある。この神の本質の多様さ、複雑性を示している。さらに次のように語られる。

大国主とスクナヒコナノカミは一緒にこの国を作り固めたのち、スクナヒコナは常世国《とこよのくに》へ渡っていった。大国主は「私ひとりでどうやってこの国を作ることができようか。どの神が私と一緒にこの国を作ることができようか」と嘆くと、海面を光り輝かせて近付いてくる神があった。「私をよく祀るならあなたと一緒に国作りを完成させよう」といった。大国主が「あなたを祀り、御魂を鎮め奉るやり方はどのようにしたらいいのだろうか」というと、「私を大和の青々と垣のようにめぐる東の山の上に祀り仕えよ」といった。これは御諸山《みもろやま》の上に鎮座される神である。

海面を光り輝いて出現したこの神の正体が『日本書紀』であきらかになる。御諸山、三諸山は三輪山の異名である。

神代の「第六の一書」には次のように説明される。

大国主神は、または大物主神、または国作大己貴命《くにづくりのおおなむちのみこと》、または蘆原醜男《あしはらのしこお》、または八千戈神《やちほこのかみ》、または大国玉神《おおくにたまのかみ》、または顕国玉神《うつしくにたまのかみ》と申す。その御子は合わせて百八十一神。大己貴命《おおなむちのみこと》は、少彦名命と力を合わせて天下を経営され、この世の人民と家畜の病気の治療法を定め、鳥獣・昆虫の災害を払う呪いの方法を定められた。ひとりよく経めぐって国造りされ、ついに出雲国に着かれ、「蘆原中国は荒れた国であり、盤石や草木に至るまで強暴であったが、私がくじき伏せ服従しないものはいなくなった」と仰せられた。そのとき、海上を照らして、オオナムチの幸魂・奇魂（さきみたま・くしみたま）が現われ、「私がいたからこそあなたは国を平定できたのだ」といわれた。オオナムチが「今どこに住みたいと思うか」と聞かれると「日本国《やまとのくに》（の三諸山《みもろのやま》）に住みたいと思う」といわれた。そこでこの神の宮殿を三諸山に造った。それが大三輪の神である。この神の子は甘《か》茂君《ものきみ》、大三輪君などである。

つまり、大国主はこの世、荒れ果てた葦原の中つ国といわれた三輪を少彦名命とともに統治し、次にやはり荒れ果てた出雲を統治した神であった。しかし、大国主とともに出雲を治めた少彦名は出雲の地に留まることに満足しなかった。故郷である三輪に戻ることをもとめたのであった。少彦名神は大国主の身体を抜け出た霊魂であり、海面を光り輝かせて近付いてきた神は、大国主の身体を抜け出た大国主自身の霊魂少彦名の二つの働きであった。

古代の日本人は少なくとも四種の霊魂があると考えていた。荒魂《あらみたま》、和魂《にぎみたま》、幸魂《さきみたま》、奇魂《くしみたま》の四つである。いずれも『日本書紀』に出てくる。前の二つは「神功皇后摂政紀」に、後の二つは右の「神代上」の第六の一書に出てくる。霊魂の働きを、勇武、柔和、幸福、霊妙と対比的にとらえていたようである。

勇武、柔和の二つの霊魂は神功皇后の霊魂である。西海地方の討伐を考えられた神功皇后に「和魂は王身に付き従って御命を守り、荒魂は先鋒となって軍船を導くだろう」という神のお告げがあった。また、あとの二つは、大国主命、別名大己貴命の霊魂である。

このように霊魂の働き、効果に注目した複数の霊魂観の根底に、古代の日本人は動く霊魂と動かぬ霊魂という観念も持っていた。『日本書紀』に記述される四つの霊魂は、いずれも動く遊離魂である。

次の歌に詠まれている霊魂もそうした遊離魂である。


なげきわび空に乱るるわが魂を結びとどめよしたがひのつま　（『源氏物語』葵）

他方、古代の日本人は人の身体や事物に宿って動かない霊魂の存在も信じていた。次の例は死者の身体を離れない、動かぬ霊魂である。

うしろめたげにのみ思しおくめりし亡き御魂にさへ瑕《きず》やつけ奉らむ　（『源氏物語』椎本）

日本人の霊魂観が動く、動かないの共通の二分法を持つのは、偶然ではない。この二種の対比は、人類に普遍的な霊魂観である。一般的には、自由霊、身体霊などとよばれる霊魂の区分である。

大国主は、本来、三輪大社の祭神であった。『日本書紀』の崇神天皇七年の条に次のようにある。

国の治まらないことを憂いた天皇の祈願に応えて、夢に大物主神が現われ、我が子のオオタタネコに自分を祀らせるなら内外はすぐに治まると告げた。三人の臣下も同じ夢を見た。天皇がオオタタネコを探し出して、大物主神を祀る神主にしたところ、国内は治まり、五穀も豊かに実った。また、高橋邑の人イクヒ（活日）を大三輪の掌酒（さかびと）とした。活日はみずから神酒を造り、天皇に献じて次の歌を詠んだ。

この神酒は我が神酒ならず　倭なす（日本ではなく大和国一国を作った意味）大物主の醸《か》みし神酒　幾久《いくひさ》　幾久

同じときに神社の社殿で宴会を催した群臣の詠んだ歌。徹夜の酒宴を望んでいる。

うま酒　三輪の殿《との》の　朝門《あさと》にも　出て行かな　三輪の殿門《とのと》を

のちに詳しくのべるように、崇神天皇の時代の初めに大和の治安が定まらなかったのは、太陽女神アマテラスと蛇男神大物主という異質の両神を宮廷内に同居させていたためであった。同居させたのは、大物主が先住神であったからである。この異質の二柱を引き離し、大物主を出雲の地に移したことによって、一応の安定をみたが、しかし、大物主は故郷ともいうべき三輪での祭祀を求め、三輪に分祀することによって国内の大和と国外の出雲の秩序が安定したのであった。

祭祀に使用する神酒は、祭祀の主宰者が口で噛んで醸造した。その酒には神が宿った。そうした習俗はいまも台湾原住民、その文化の影響をのこす琉球列島の島々で見ることができる。

台湾原住民の鄒《ツオウ》族は、祭典の前、族人の所属する氏族の共同の粟祭屋で酒造りをする。以前、族人はすべて粟酒を造っていたが、現在はほとんど粟を作らないので、酒は餅米を木臼で搗《つ》いて造

祭祀の主役は女性。琉球列島の来間島《くりまじま》

「酒にはその家、種族の神が宿る」と信じている

るようになった。しかし、祭典では各戸の主婦の造った酒を持ち寄り団結の印とする。粟酒の時代には女性が口で噛んで造った。

台湾原住民鄒族は酒の起源について次のような神話を伝えている。

むかし、岩の中の一本の石柱から一人の女神が誕生した。そのころ地上に食物がなく、女神は天神に願って魚、獣などの食物を賜った。その中に粟もあった。女神が一粒の粟を二つに割って半分を鍋に入れて煮ると一鍋の飯になった。当時、河辺に砂を食べて生活している男神がいた。招かれて女神の家に行き、多くの食物を見て夫婦になった。男神は粟を知らず虫の卵と思った。女神は天神から賜った粟だと教えて男神に食べさせた。その美味しさに男神は砂を食べることを止めた。また女神が二、三粒の粟を甕に入れて蓋をしておくと酒に変わった。（田哲益『鄒族神話与伝説』）

本来の女神信仰が中国北方の天の男神の影響を受けて変化した複雑な筋になっているが、酒は女神の賜物とする信仰をとどめている。

酒は家の神の賜物で、そこには祖霊が宿り、女性の造るものであった。『日本書紀』崇神天皇八年条の三輪の神酒の神話は、その前提の上に進行している。

6　古墳の型式の変化が示す大和の出雲統一

軍事は信仰の戦いでもあり、人を統治するには神の統治も必要であった古代の真実を大和国家成立時の神社祭祀にたどってきた。同じ時代、神である死人の統治はどのように行なわれたのか。古代史を考えるための、これまで問われたことのない、この最重要問題が墳墓の形式の変化にも明確に現われていた。

古代の出雲地方を代表する墳墓の型式が四隅突出型墳丘墓《よすみとつしゆつがたふんきゆうぼ》であった。この墳丘墓については、通常、次のように説明されている。

弥生後期の墳墓の一種。方形の墳丘の四つの角に大きな張り出し（突出部）をつけた形の墓。墳丘斜面に石を貼り、突出部を含めて周囲を列石で囲むのが一般的。北陸では石を貼らないなど地方色もある。全国で約九〇基が発見され、島根・鳥取県五七基、広島県北部一六基、福井・石川・富山県一三基と、日本海側、とくに山陰地方に分布が偏る。規模は、突出部を含めて長さ四〇メートル、高さ五メートルを超えるものから、長さ一・五メートル以下のものまで大小あるが、大半は一辺一〇メートルから二〇メートル前後。首長とその近親者と思われる数人を葬るのが一般的。埋葬方法には木棺の周囲を木材で囲む木槨墓《もつかくぼ》や箱式石棺もあるが、大半は直接土中に埋める木棺直葬。

弥生中期（前一世紀末）に広島県北部で貼石墳丘墓の隅に出入り口のように板石を敷き並べたものが出現したのが起源で、これが発達して突出部となったとする説が有力。後期には山陰沿岸部から北陸へと分布を広げ、各地の有力首長の墓となるが、三世紀中頃、前方後円墳の出現により姿を消した。（『日本歴史大事典』小学館）

この説明は重要な事実を指摘している。四隅突出型墳丘墓は紀元前一世紀末に広島県北部で始まって山陰沿岸から北陸へと分布を広げ、有力首長の墓となったという。ことに巨大な墳丘墓は出雲を中心に山陰部に広がった。まさに大和政権の敵対勢力であった出雲勢力の存在をはっきりと示す古墳型式であった。特に注目されるのは前方後円墳の出現により姿を消したという指摘である。出雲勢力の四隅突出型墳丘墓に対し、大和王権の墳丘墓が前方後円墳である。前方後円墳については次のように解説されている。

古墳時代を代表する古墳形式で、円形の墳丘に方形の墳丘を連接させた形態のもの……他の形態の古墳に比べて圧倒的に大型のものが多く、日本の巨大古墳はすべて前方後円墳であることからもわかるように、古墳時代を象徴する記念物であり、この墳形の確立こそ古墳時代開始の指標である。古墳の格式としては最高位に位置付けられる形態だったと考えられ、前方後円墳の分布は、各時期、各地域の政治状況を反映する。およそ、三世紀中頃ないし後半から六世紀末前後まで、岩手県南部から鹿児島県に至る本州列島の各地で、大小さまざまのものが盛んにつくられた。現在、約四千基の前方後円墳が確認されているが、巨大なものは近畿地方に集中しており、数の上では関東地方東部・北部に多く分布する……（『日本歴史大事典』小学館）

この解説で注目されることは、四隅突出墳丘墓を圧倒する大きさとその分布の広がりである。ことに巨大なものは近畿地方に集中しているという指摘も注意される。大和を根拠地として日本全土に勢力を延ばしていった大和政権の確立と統治範囲の広がりを、前方後円墳が示していると考えれば納得がいくのである。

この名称の由来について、前掲の『日本歴史大事典』は、

近世の国学者が独特の起源論によって方丘部を前、円丘部を後ろと考えて、「前方後円」という名称をつくり、近代以降の考古学でもこれを踏襲しているが、この種の古墳の前はどちらか、正面はどちらかなどは未解決である。

島根県出雲市大津町の復元された大型四隅突出型墳丘墓の西谷墳墓

と解説している。前方後円という名称は確定したものではないということの解説も貴重である。

同事典はすぐつづけて「埋蔵施設は後円部につくられるのが原則で、前方部にも埋蔵施設がつくられることがあるが、中心的な埋蔵施設は必ず後円部につくられる」と記述している。あきらかに「前方後円」ではなく、「前円後方」なのである。

「Ⅵ 1 中国北京と韓国ソウルの天壇」で詳述するように、中国大陸では、円形は天、方形が地を表わしていた。はやく『荘子』「田子方」には、

荘子曰く、周、之を聞く、儒者の円冠を冠するは、天の時を知り、句履を履くは、地の形を知り、緩く玦《けつ》を佩びるは、事至れば而ち断ずればなりと。

とのべている。儒者が円形の冠を頭にかぶり、足に方形の履物を履くのは、天の時を知り、地の形を知るためであるというのである。荘子が活躍した紀元前三世紀ごろ、すでに天円地方の考えが浸透していたことを示している。

天が円形で、地が方形であるという観念は中国漢民族社会の至るところに浸透している。中国の天の信仰をよく示す例は、「Ⅵ 1 中国北京と韓国ソウルの天壇」で説明する皇帝の住いであった天壇である。明朝から清朝にかけて、皇帝が天に対して祭祀（祭天）を行なった宗教的な施設（祭壇）である。

円冠をかぶり、四角の沓を履く清国乾隆帝

天円地方の観念は中国の芸能にもいきわたっている。その好例は中国演劇の舞台構造である。

私の最初の中国調査の目的は民間舞台であった。一九八八年三月二十五日から五月二日までの四十日間、私は中国の舞台の遺構を調査してまわった。そのねらいは、これらの舞台構造に働く精神をあきらかにすることであった。

中国全土の舞台三十個所を調査した結果の詳細は「日中舞台の類同性」（『日中比較芸能史』吉川弘文館）にまとめ

山西省元代舞台（上）とその天蓋（左）

た。この調査で、私がもっとも注目したのは、中国舞台を貫く天は円、地は方の精神であった。

私の調査した舞台に対面して神社の存在する、または存在した例が二十二例、道教寺院の道観《どうかん》の存在した例が一例、その種の神社などの存在しない例は七例となる。つまり、八割近くまでが、宗教的な目的で建造されていたことになり、演劇・芸能に神との融合という精神が浸透していたことが分かる。これとふかく関わるのが舞台天井の飾りの天蓋である。この飾りは円形が九例、八角形が三例、四角形が二例、無が九例、不明が七例となる。この不明を除いて計算すると、中国の舞台は五割近くが天井に天蓋とよぶべき飾りを持っていることになる。

中国の舞台天井の中央の飾りを天蓋とよんだのは私の命名であり、中国の研究者は藻井《そうせい》とよんでいた。

もともと中国の建築一般の天井に蓮華模様を飾ることは、古く漢代からみられた。そのデザインは、碁盤の目のような方形のなかにそれぞれ一個ずつ飾るものと、中心に大きな蓮華を一つだけ飾るものとの二様があった。従って、多くの中国研究者はこの舞台中央の藻井も古来の建築様式として説明していた。確かに八角形の模様も見られるのであるのだから、八葉蓮華を象《かたど》ったという考えも成立する。

蓮華を飾りとする様式は仏教とともにインドから伝えられた。古代インドの大叙事詩「マハーバーラタ」によると、天地が開かれたとき、根本神であるヴィシュヌー神のへそから蓮華が生じ、その花のなかにブラフマン（梵天）が生まれて万物を創出した。この蓮華化生の観念は仏教に採り入れられ、仏の威力はその頭上におおわれた大蓮華に象徴され、さらにそこから無数の小蓮華が生じ、仏の徳は広大無辺にひろがるとする思想を生んだ。

仏教で天蓋とよばれるものは、この蓮華化生の思想と、インドで貴族の外出するときに頭上にかざした傘蓋の習俗の合わされたもので、形としては、箱形天蓋と蓮華天蓋の二種類を生んだ。中国の舞台の天井には現実に四角形の天蓋が存在するのであるから、一方の源流を仏教の天蓋に求めることは許されるであろう。

しかし、中国の舞台の天蓋にはもっと直接の原型を考えなければならない。中国の舞台の天蓋は、私の調査では、八角形三例、四角形二例に対し、円形は九例もある。この円形天蓋は、蓮華模様や箱形を主とする仏教の天蓋では説明がつかない。

さきにのべたように、中国で天円地方の思想は、仏教の中国浸透よりもはるかに古く、荘子が活躍した紀元前三世紀ごろ、すでに一般化していた。

さらに、中国の天蓋の直接の源流としては、中央および北方アジアのシャーマニズムで信仰される神の常在する天空を投影して地上に造られた球形も考える必要がある。

中央及び北方アジアのシャーマニズムでは、宇宙は、天上、地上、地下の三つの層で構成されており、その三層の中心を貫いて、天柱、宇宙樹、宇宙山などが存在する。しかも天空は球形をしており、具体的には、テントや円の蓋と想像された。そして、これらの信仰がいきわたっているところでは、神社、宮殿、そして人家なども、この宇宙像を投影した小宇宙として構成される。中国においてもこのシャーマニズムの天蓋に対する信仰がひろくいきわたっている。その詳細は、私の前掲の舞台調査の報告書に詳しい。

前方後円墳、実質は前円後方墳の普及はまさにこの中国の天蓋思想の摂取、浸透を示している。出雲を中心とした四隅突出型墳丘墓を創出しつづけた勢力は、伝統的な地母神・地方信仰を維持しつづけた勢力であったのに対し、前円後方墳を普及させた政治勢力は、新しく中国大陸の天の神・天円信仰を取り込んで、伝統的な地母神信仰と融合させた政治勢力であった。

その新興政治勢力こそが、大和を中心に国家を確立した、現在の日本国家に繋がる大和政権であった。古墳の形態変化が教えてくれる古代史の真実は、以上に留まらない。

大和政権の支配神アマテラスは本来は大地母神であったが、天の信仰を摂取して天上に住まいを移してアマテラスを名乗った。しかし、アマテラスは大地の女神としての本質を失うことはなかった。まさに前円後方墳に対応する信仰である。そのアマテラスも最後は大和の東、伊勢の地に祭祀されて大和の守護神となった。天神の性格ものこしながら大地の女神に戻ったのである。

同じ現象が前円後方墳（前方後円墳）にも起こっていた。この墳墓形式が造営された時期はおよそ、三世紀中頃ないし後半から六世紀末前後までである。

この古墳時代に前方後円墳よりもはるかに長期にわたって造られ続けた古墳が前方後方墳（四隅突出型墳丘墓）であった。前方後方墳は前部後部ともに方形の墳丘である。内部施設・外部施設ともに前方後円墳によく似るが、較べてあまり大型のものはなく、最大は奈良県西山古墳の全長一八三メートルである。数もずっと少なく約四百基が知られている。

前掲『日本歴史大事典』は、その造営時期について「ほとんどが古墳前期につくられたものだが、出雲や関東東部のように後期にも多数つくられた地域もあり」と解説している。前方後円墳が、天の信仰と大地の信仰の融合であるのに対し、前方後方墳は大地の信仰である。この前方後方墳が前方後円墳を生み出した母胎であった。

前方後円墳は前方後方墳を基に造られた。私がそのように判断する根拠は、以下の通りである。

第一に前方後方墳の古さと広がり。

第二に前方後円墳に顕著な中国の天円思想の影響。

第三に前方後円墳は実は前円後方墳であること。中心的な埋蔵施設は必ず後円部につくられ、あきらかに「前方後円」ではなく、「前円後方」なのである。同様に、前方後方墳も埋蔵施設は前方にある。

第四に両墳丘の形態の類似。

大和王権は中国大陸の制度や思想に学んで、日本の国家体制を整備していった。しかし、基層には日本の伝統をしっかりと据えていた。中国の天円信仰を取り込んで前方後円墳を創り出したときに利用した墳墓型式が前方後方墳であった。出雲は大和の統治下に入り、墳墓型式も前方後円墳となったが、しかし、伝統的な四隅突出墳を絶滅させることはなかった。

前方後方墳の墳形

出雲地方に明瞭に見られるように、日本の首長の墓は本来は方形であった。そこへ大和を中心に天円の思想が摂取され、前方後円（前円後方）墳が優勢となった。しかし、アマテラス信仰に見られるように、日本人は天の信仰が伝来しても、大地の信仰を失うことなく、墳丘の型式も方形重視にもどっていったのである。

日本人が地方の信仰を古くから保持していたことは神社建築からも見えてくる。日本古代神社は方型であった。その代表例は伊勢（神明造り）と出雲（大社造り）の神社建築である。

出雲大社は私が日本国家の最初の天皇と考える崇神天皇が造営した神社である。その時期は五世紀ごろであった。崇神天皇は、国の統治には神と人の両者の統治が必要であるという、日本古代史の最大の真実を明言した最初の天皇である。

また、子の垂仁によって建造された神社が伊勢神宮であった。

日本最古ともいえる両神社は「大地は方型」という観念によって造営されていた。この観念は中国大陸から日本に伝来し、仏教渡来後にも継承された。

その影響は仏教伝来後の墓石にものこされた。

大和桜井を中心に覇権を拡大していった崇神天皇と深い関わりを持つ最初期の前方後円墳が箸墓古墳である。『日本書紀』崇神紀十年の記事に、ヤマトトトヒモモソヒメが亡くなったとき、奈良県桜井市箸中に墓が造られ、箸墓と称したとある。『日本歴史大事典』には次のように説明されている。

奈良県桜井市箸中にある古墳前期初頭の大型前方後円墳。墳長二八〇メートル、後円部径一五

箸墓古墳

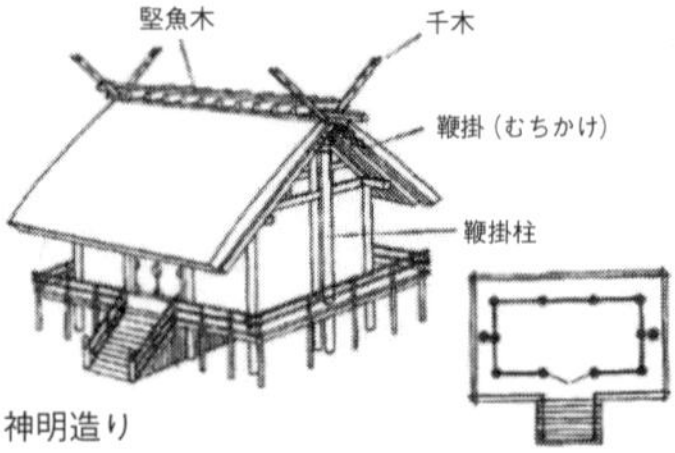

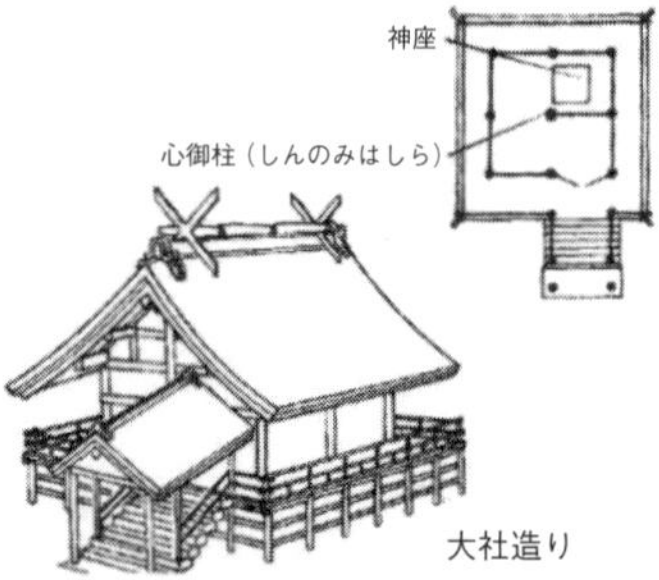

伊勢神宮（神明造り）と出雲大社（大社造り）
（濱崎正士『寺社建築の鑑賞基礎知識』至文堂、1996より）

五メートル、前方部長一二五メートル。現在は宮内庁が倭迹迹《やまととと》日《ひ》百襲姫命《ももそひめのみこと》の大市墓として管理している……本古墳は纏向遺跡内の東南部に位置し、遺跡と被葬者との関係をうかがわせる。墳丘からの出土品により大型前方後円墳のもつ数々の要素を備えた最古の古墳とされ、以後、継続する大王墓の先駆といえよう。

箸墓古墳は日本最古の前方後円墳とされ、その成立期は三世紀後半ごろとする説がある。被葬者には邪馬台国の卑弥呼とする論者もいる。それらの説の当否はともかくとして、私が注目したいのは崇神王朝との関係である。『日本書紀』が記すように崇神天皇が築造者であり、その場所が大和桜井であること、日本最古の前方後円墳であることは、崇神天皇を日本最初の天皇と考える私にとって、きわめて貴重な考古遺跡である。

これまでに続け、「Ⅷ　4　三種の神器の誕生」の節でもくわしく説明するように、崇神天皇の御代に起こった出雲大社の主神の交替はこの墳丘墓の型式の変化と対応している。出雲は長く蛇神の出雲大神を主神としていたが、大和王権はそこへ三輪の蛇神の大国主を送りこんだ。しかし、大国主は故郷の三輪へもどることを望み、大和王権はその願いを入れて大国主を三輪にもどし、出雲を出雲大神にゆだねた。

古墳の型式の変化にも、はっきりと神と人の双方を統治しなければ政権の統治はありえないという、古代の政治思想が表現されている。「墳丘の築造には延べ六百四十万人以上の労働力が必要とされる」（大林組『季刊大林20』）。古墳築造は個人のなしうることではなく、政治権力の誇示でもあったのである。

Ⅳ　黄河流域の巨大専制国家

1　黄河流域の専制王朝

天皇制は、日本人にとっては、もっとも切実な研究課題の一つである。それだけに多くの研究者が、天皇制の問題にとりくんできた。

日本国家はいつ、どのようにして誕生し、そして今日にまで永続したのか。この課題を解決するために、本章では、東アジアの中国、朝鮮、日本三国の王権の交替現象の比較を行なうことにする。一見、迂遠なようであるが、倭人、越人とよばれる中国から伝来した日本人の建設した日本国家である。大陸の王権との比較は、日本国家の独自性を確認するためには避けて通れない作業である。

まず、中国の歴代王朝の支配範囲とその首都の置かれた場所の検討を行なう。

秦（甘粛省東部）　漢（陝西省西安市）　魏（華北）　西晋（河南省洛陽市）　東晋（江蘇省南京市）

隋（陝西省西安市）　唐（陝西省西安市）　五代（華北）　宋（河南省開封市・浙江省杭州市）　金（北朝鮮北東部の会寧市・北京・河南省開封市）　元（北京）　明（江蘇省南京市、北京）　清（北京）

これらの王朝とその首都は、中国全土を支配した統一王権にかぎっている。中国の歴史書の『史記』によれば、黄河中流域には、夏《か》、殷《いん》（商）、周などの王朝が栄えたとあり、最近の考古学の成果は、その実在を裏づけている。しかし、統一王朝ではないという理由で、この一覧からははずしてある。同様に、長江流域でも、楚、呉、越などの王国が興亡をくりかえしたが、おなじ理由で、省いた。

この一覧によってみると、すでにいわれていることであるが、中国の巨大王朝は、東晋、南宋、明のはじめなどのわずかな例外をのぞいて、中国の北方、黄河流域と、そこから南下した中原の地で興亡をくりかえしていた。この事実をどのように解すべきなのか。私は前著『日本王権神話と中国南方神話』でも、この問題から立論していた。本書はこの前著の拡大・続論でもある。

中国の南北の境界を淮河《わいが》・秦嶺《しんれい》のラインに求める見方は、一八七〇年代に中国本土を南北に縦断したドイツの探検家F・フォン・リヒトホーフェンなどを先駆として、『中国農業論』を著したジョン・ロッシング・バックによって定着させられた（鶴間和幸「中国文明への新しい視点」『四大文明　中国』）。

バックは、中国に取材した有名なベストセラー小説『大地』の作者パール・バック女史の夫であり、一九二〇年から三〇年代にかけて中国全土の調査を行なって農業分布図を作成し、稲作の北限ラインである年間降水量八〇〇ミリ、年間平均気温摂氏一五度の線以北の小麦地帯と以南の稲作地帯に分けた。この淮河・秦嶺の境界線は、中国の南北を分ける重要なラインとなっており、華北陸田農業と江淮水田農業とを分ける目安にもなっている（鶴間氏前掲論文）。

華北の黄河流域で巨大王朝が出現し、華南の長江流域ではそうした現象が認められないという事実をどのように説明したらよいのか。

ドイツ生まれの社会学者カール・アウグスト・ウィットフォーゲル（一八九六～一九八八）は有名な水利社会論でこれを説明した（平野義太郎監訳『新訂・解体過程にある中国の経済と社会（復刻版）』、原著は一九三一年刊行）。彼の考えを敷衍すれば以下のようになる。

黄河流域は黄河文明の栄えた土地である。定期的に氾濫をくりかえした黄河の大量の土砂が堆積してできた沖積平野であったので、そのままでは農耕に適せず、大規模な灌漑工事が必要であった。そのため、この土地では、大量の人手を集めて水を支配しなければならず、それが可能な強大な力を持った者が、王権を獲得し、巨大な国家を建設した。

灌漑事業が専制王朝を生みだしたというウィットフォーゲルの水利説は、現在、かなり旗色がわるいようである。日本でも、戦後、きびしい批判にさらされることになった。彼に対する批判点は大きく二つに分けることができる。

一つは、彼の論の政治性に対する反発である。はじめマルクス主義者として出発したウィットフォーゲルは、アメリカにわたって反共産主義者に変わった。一九五七年に発表された著作『東洋専制主義』でも、彼の水利社会論は展開されたが、ヨーロッパ社会に対する停滞したアジアという図式が、不評を買って、彼に対する批判者の舌鋒をするどくさせた。

二つめは、灌漑事業が、巨大専制国家を生んだという彼の理論そのものに対する批判である。反対説の論旨の運び方を、論文にみてみよう。原宗子の「土壌から見た中国文明」（『四大文明』）を引用する。氏は、ウィットフォーゲルが灌漑による水利社会説を展開するための黄土に対する認識――農業経営上に利用するためには多量の降雨を必要とし、でなければ人工的な灌漑を絶対に必要とするものである。その代わりに充分に灌漑が行なわれた場合には、黄土がその砂質粘土性にもとづく極度の豊度を持っていることは極めてあきらかである――という主張は、空想にすぎないと断定する。氏の批判は次のように展開する。

①中国農業においても、水は無論、作物が生育しうる分量だけ必要である。しかし、年間降雨量そのものが不足していない場所（華北の多くの地）では、降った雨や雪の水分を発芽期までどう保持するかが問題になるのである。

②古代エジプトの灌漑からアジアの専制政治を理論化したウィットフォーゲルは、中国についても「自己施肥能力」という空想に依拠して農業生産の基盤となる物資集積の状態、つまり土壌肥沃度を無視した。

③そして、地表の水をあつかった巨大な国家プロジェクトだけに注目し、灌漑の必要性を強調した。またさらに、それを実行しうる強大な専制権力の存在を想定したのである。

現代の進んだ土壌理論に依拠した原氏のウィットフォーゲルの水利社会論批判はすぐれたものであるが、疑問ものこる。右の①に整理したように、華北の農業でも水の人工的管理は必要なのである。土壌の本質に対する科学的認識が誤まっていたとしても、華北の農業に水の人工的管理＝灌漑の必要性を説いたウィットフォーゲルの説はその点では誤まっていない。さらに大切なことは、華北の地に巨大専制国家が誕生し、南中国には、誕生していないという事実をどのように説明するのか、という根本の問題である。
この問題について原氏の見解を聞く。

人類が摂取するエネルギー源として太陽エネルギー利用効率の点でもっとも効率的なのは穀物生産であり、当時における人口増加のポイントは、いうまでもなく食糧の確保にあったから、穀物生産を発展させた社会が、人口増加でも軍事力増強でも、他の方法で暮らしている社会にくらべ優位に立ったわけである。

勢力のおよぶ範囲を点（国邑《こくゆう》）から面（領域）に拡大しようとした為政者の側では、民衆に対して、労働力のおよぶ限り広い面積に穀物だけを集中的に作付けることを奨励する「大田穀作」主義の方針が一般化した。このような穀物作中心の経済政策の下、穀物を税として徴収する制度を整備した国々は、社会制度や風俗習慣をも、これに沿う形で整えていった。

穀物生産農業が巨大国家を誕生させたという考えである。しかし、この説明では、年間の降雨量も平均温度も水稲稲作に適さない黄河流域で巨大専制国家が誕生したのに、より水稲稲作に適した長江流域で巨大専制国家がなぜ誕生しなかったのか、という疑問は依然としてのこる。ウィットフォーゲルの説が誤まっているならば、それに代る、より妥当な説明は存在しないのか。
もう一つの論文を見てみよう。
北中国と南中国の農耕の発展形態に周到な目配りをして論をすすめながら、国家の成立の秘密を

殷墟出土の甲骨文字の書かれた亀の甲羅。占い用

殷墟正門（河南省）

説きあかそうとした論文が、岡村秀典の「中国文明の起源―農耕のはじまりから国家の成立へ―」（前掲『四大文明』）である。しかし、氏の論も肝心の北中国における巨大国家の誕生の秘密を解明しきっているようにはみえない。

「氷河期が終わる紀元前一万年ごろ、南中国ではコメ、北中国ではアワやキビなどの雑穀と豆類の利用がはじまった」と南北の農産物の違いから説きおこした岡村氏は、考古学の最新の成果に注目して、紀元前六千年ごろの長江下流域の河姆渡《かぼと》遺跡、紀元前四千年ごろの草鞋山《そうあいざん》遺跡、黄河中流域の紀元前六千年ごろの磁山《じさん》遺跡、紀元前五千年ごろの仰韶《ぎょうしょう》文化と説明してゆき、最後に殷の成立におよぶ。私のもっとも知りたい部分である。そこで氏が提出する論拠は巨大祭祀儀礼である。巨大な祭祀儀礼のなかに王と家臣や諸侯の政治的な関係も組みこまれ、祭儀用品の贈答を通じて王と諸侯たちは祖先神のまえで主従関係を確かめるという。遺跡からの考古学の出土品に誠実に眼をむけ、実証的に論を立てれば岡村氏の次のような結論がみちびきだされるのは当然である。

殷墟の甲骨文は、祭祀、農作の豊凶、気候、軍事、病気などを王が神に問うた文言であり、とくに祭祀関係がその大部分を占めている。この点では政治と宗教が未分化の神権政治と定義する特質をもっている。しかし、その政治と宗教を支える経済システム、とくに祭祀での大量消費に向けた農業の組織化と大規模経営、遠隔地からの貢納物の集積と王都における手工業生産に着目するならば、新石器時代の良渚《りょうじょ》文化や石家河《せっかが》文化とのちがいは歴然としている。殷代に成立したこの宗教・政治・経済の相互連関が礼制であり、中国固有の社会・文化システムとして、それ以後の歴代王朝に継承されていったのである。

殷墟から出土した甲骨文に、大規模な祭祀儀礼を示す文言が出てきたことによる提言である。しかし、巨大な祭祀儀礼をいとなむために、それを支える経済システムを整備し、農業の大規模経営が行なわれ、それによって巨大な専制王権が誕生したという論理は、成立するのか。事実は、その逆で、巨大政権が成立したから、それを維持するために巨大な祭祀がいとなまれたのではないか。そうした事例は数多く挙げることができる。日本の大和政権成立後の国家祭祀の大規模化や整備が、さしあたって思い浮かぶ。

2　一元論から多元論へ

さらに文明論を追いかけよう。

湿潤と乾燥のはざまに巨大な大河文明が誕生したという、文明史学者安田喜憲の学説は、ウィットフォーゲルの水利社会説に代わるスケールの大きな理論である。

ユーラシア大陸を、大きく湿潤地域のモンスーン・アジア＝大西洋地帯と、乾燥地域の乾燥アジア＝北方アジアとに二分し、これまで四大文明といわれてきたメソポタミア・エジプト・インダス・黄河の四大文明は、そのはざまを流れる大河のほとりで起こっていると主張し、牧畜民と農耕民の接触によって大文明は誕生したというのが、安田理論である（『大河文明の誕生』）。

安田氏の理論は次のように展開する。

湿潤なモンスーン・アジアや西南アジアの大河のほとりには、農業革命以来、農耕民が定住生活をいとなんでいた。一方、その周辺の乾燥アジアには牧畜民が生活していた。牧畜民は主食の穀物を農耕民との交易によって手に入れないかぎり、独自に生きていくことができない。この牧畜民に主食となる穀物や野菜を提供した人々こそ、乾燥アジアとの接点を流れる大河のほとりに生活する農耕民であった。それゆえ、乾燥と湿潤のはざまを流れる大河のほとりは、農業革命以来、農耕民と牧畜民の異文化の接触地帯となった。

以上が氏の論の骨子である。

この安田理論にも、黄河文明に限って考えたときにいくつかの疑問が浮かんでくる。まず、南中国に比較して、寒冷で乾燥した華北の地を湿潤地帯といえるのかという疑問である。氏の説の立脚点には、一九八八年にはじめて氏が発見したという五七〇〇年まえに起こった地球規模での気候変動があった（安田喜憲「五〇〇〇年前の気候変動と古代文明の誕生」『科学』五八号）。この変動は、北緯三五度以南の大河のほとりの乾燥化をもたらした。このため牧畜民が水を求めて大河のほとりに集中した。この大河のほとりへの人口の集中と、もともと大河のほとりにいた農耕民とあらたにやってきた牧畜民の文化の融合が、都市文明の契機になったという論の展開である。

しかし、この論は北緯三五度以北に位置し、しかも五七〇〇年まえよりも千年以上も新しい黄河文明に適用できないことは、氏も前掲書で認めている。

さらにこのような立論では、遊牧民族との接触という事実が顕著ではない長江流域の文明の誕生を説明することができない。安田氏自身が指摘するように、文明におけるあたらしい長江様式を設定し、湿潤地帯独自の文明の誕生を認定せざるをえないことになる。つまりは多元説の提唱である（安田喜憲『大河文明の誕生』第七章）。

しかし、黄河文明（華北の王権）の誕生について、氏の以下のような指摘は貴重である。

都市文明誕生の要因には、大河のほとりへの牧畜民の移動にともなう人口の増大がまずあげられる。文明誕生の背景には、この人口の集中化と増大が第一義的要因なのである。移動してきた牧畜民は交易ルートをもち、農耕民の知らない多地域の情報をもたらした。交易や商業のセンターとしての都市の発生のためには、牧畜民の果たした役割は大きい。そして、家畜の群を統率するリーダーを必要とし、異民族・異文化をわたり歩く普遍的原理に立脚した統合への力は、王を誕生させ、農耕的な血縁社会から組織的・普遍的な階層性をもつ社会を誕生させる契機を生みだした。金銀財宝への強い指向もまた、牧畜民のものであった。

日本の考古学界はフィールドワーク重視一色である。実際に遺跡を発掘しない考古学者を日本では考古学者とは認めない。ところが、欧米の考古学界では考古学理論とか比較考古学という学問方法が市民権を得ている。もちろん、遺跡発掘の実体験が理論形成の基礎にはなるが、まったく自身の発掘体験のない土地や国の発掘報告をもとに、比較をこころみる学問が比較考古学である。

カナダ・モントリオールのマッギル大学人類学部教授のブルース・G・トリッガー博士は考古学

理論家としてもっとも生産的な仕事をしている学者である。氏の代表的著作である『初期文明の比較考古学』（川西宏幸訳）によって、初期文明についての彼の考えをうかがってみると、彼もまた水利社会論には否定的である。

初期文明について、農業の剰余を管理することに基盤をおいた、もっとも古いかたちの階級社会であると定義したトリッガーは、その具体例として七文明をとりあげ、政治組織の特徴によって、次の二つのタイプに分ける。

都市国家システム（比較的せまい領土と首都を持ち、近接する都市国家ネットワークを形成する）

古バビロン時代以前に南メソポタミア（イラク）に所在した古代シュメール、紀元二〇〇～九〇〇年の古典期のマヤ人、メキシコ盆地に十五～十六世紀に居住したアステカ人、十八～十九世紀に南西ナイジェリアにいたヨルバン人など

領域国家（広大な領域にわたる国家）

古代エジプト、インカ国家、中国の商（殷）および西周

ここで彼がいう領域国家は私たちが問題とする中国の専制統一王権にほぼ当てはまり、都市国家システムは南中国で誕生した呉、越、楚などの国家にあたる。しかし、彼のいう文明は、かならずしも私がいう王権と同一ではない。しかも、トリッガーの関心は、七つの文明の比較論であって、都市国家システム群と領域国家群の比較ではないし、さらに領域国家誕生の理由の解明も彼の念頭

にはない。私の目下の関心とは大きくずれているが、彼の七大文明比較論が私たちの視野をひろげてくれることは確かである。

彼の水利社会論に対する見解は次のことばにあらわされている。「いっそう大きい灌漑システムへの要求が結果として文明発展の初期段階に専制国家を生む、というかつての通説は、初期文明においては大部分の水利施設が小規模で断片的であったという特徴を、認識していなかった。大規模な国家管理の灌漑システムは、国家の産物であり、その逆であったようにはみえないのである」。この断言を認めないわけにはゆかない。水利一元論はもう放棄されなければならない。

多方面から七つの文明を比較した彼は、そこに共通性と多様性の両方が見出されるという。共通性として、彼は次のような点をあげる。

貢納関係を通して上層階級が剰余をうけとるシステム　基本的に類似する宗教的信条

他方、多様性としては次の諸点があげられる。

経済構造　社会政治上の組織　工芸様式　文化的価値観

これによって、他地域にわたる世界の初期文明は共通性よりもむしろ多様な独自性が多いという事実があらためて確認される。中国の巨大文明の誕生についても、当然ながら、その独自性を、東アジア社会の現象として検討しなければならないことになる。

V　専制国家誕生の多元的要因

1　秦漢専制王権の誕生

黄河流域で最初に成立した巨大専制国家は、秦である。紀元前二二一年、のちに始皇帝とよばれた秦王政《せい》は戦国六国のなかで、ただ一つのこっていた斉《せい》をほろぼして、天下統一をなしとげた。このはじめての統一国家の成立要因を検討することによって、華北における巨大王権の誕生の秘密を解明してみよう。

①鉄製農具の出現

春秋時代以前、農具は木製または石製であった。そのため、雨量がすくなく天水農法が不可能な華北高原では、山麓の湧水地か、地下水位が高くてしかも洪水の危険のない小河川の河岸低地のみが耕作地であった。春秋時代の終りごろから鉄製農具が現われると、未墾地の耕作が可能になった。華北高原の黄土に特有の性質とされる毛管現象による含有水分の急速な蒸発作用を、鉄製農具ですばやく地表を耕起することによって抑制することができるようになったからである。

もはや農民は、かぎられた土地で氏族制を保持する必要はなく、家族単位に分解した。その農民たちを新しく発生した官僚たちが再組織した。(西嶋定生『秦漢帝国』)

②灌漑工事

韓から来国した水利技術者鄭国《ていこく》の献策により、渭水《いすい》の支流の上流をせきとめ、用水路を造り、渭水北岸の荒地を灌漑する計画が、秦王政の即位元年に始まった。紆余曲折のあげく完成し、沃野が出現して飢饉は回避され、秦国が富強になり天下を統一する財政的基盤ができた。(西嶋定生『秦漢帝国』)

③経済の発展

春秋時代の後半から始まる鉄器の発明と普及は、農業や手工業の発展をうながし、経済と文化に大きな繁栄をもたらした。商業の発展にともなって商人の往来や産物の流通も盛んになり、列国の封鎖的な国境を越えて各地の経済はたがいに依存の度をつよめていった。(松丸道雄・永田英正『中国文明の成立』)

④富国強兵策

北方の強大な遊牧民族である匈奴の侵入を阻止する防衛対策のうえからも、強力な統一国家の出現がつよくもとめられた。富国強兵策を実施したために、生産は発展し、兵力は増強した。戦国後期、秦の国土の面積は全国の三分の一弱であったが、その富は全国の十分の六にも達したといわれ、また騎馬戦術を得意とする軍団は無敵の強さをほこった。(松丸・永田『中国文明の成立』)

右の四つは主要な理由であって、この四つに限定されるといいはることはできない。また、たとえば、③について、経済の発展とまとめるか、鉄器の発明とするか、あるいは封鎖的国境の破綻とするかは、意見のわかれるところである。鶏が先か、卵が先かを争うことは、それほど生産的ではなく、秦帝国出現の要因は、けっして一元的ではなく、多元的、複合的であったことを確認することが重要である。ウィットフォーゲルの水利社会説が批判されなければならないのは、その一元的主張であって、灌漑水利が、帝国出現の重要な要因の一つであったことは多くの中国古代史研究者も認めるところである。

さらに大切なことがある。

以上の四つは秦帝国出現の要因であって、そののち、漢、晋、隋、唐、宋、金、元、明、清とつづいた歴代王朝のすべてに適応する成立要因であると断定することはできない。たとえば、鉄器の発明は、秦成立の重要な要因ではあったが、漢帝国成立の要因とはいえない。

黄河流域の王朝成立過程を検討するためには、当然の手続きとして、秦の場合と同様に、歴代王朝成立の要因を検討し、共通する因子を抽出するという作業が必要になる。しかし、日本の王権の成立におよぼした中国古代文化の影響という、私のさしあたっての研究テーマにとって、その

始皇帝廟と周辺兵馬《へいば》俑《よう》（河南省）

作業を詳細に展開することは軌道からすこしはずれることになる。秦につづいて、紀元前三世紀に成立し、紀元後三世紀に滅亡した漢帝国を対象として、両国を比較すれば十分ということになる。秦漢両帝国成立の共通要因は以下の三点にまとめられる。

A　匈奴《きょうど》を中心とした周辺遊牧民との抗争・軋轢
B　商業を中心とした経済の発展
C　農民勢力の台頭

Aは秦成立要因の④に対応する。匈奴が、モンゴル高原一帯の遊牧社会を統一して大帝国に成長したのは、秦末漢初の時代といわれている。秦がこの匈奴の侵入にそなえて富国強兵策をとったと同様に、漢もまた、強力な騎馬軍団で国境を侵してくる匈奴との対応に腐心し、軍備の充実につとめ、結果として国勢を大きくのばしている。

Bは秦の③に対応する。漢の経済政策はもちろん商業一辺倒ではなく、税制の改革、塩鉄専売制度の実施、貨幣制度の制定など、他方面にわたっていた。こうした総合的な経済政策が効果をあげ、武帝の時代には、「都鄙《とひ》の倉庫は財貨で一杯になってあふれている。銭さしはくさって銭をかぞえることができない。国庫の穀物は古米がふえて外にまでながれだし山積みになって腐敗している」と『史記』に叙述されるようなゆたかな財政状態を現出させていた。歴代の皇帝は、武帝をはじめとして、財政の好況時代に資力を駆使して外征を実行し、領土の拡大と国威の昂揚につとめていた。

Cは①と共通する。巨大帝国秦を倒したのは、農民の蜂起であった。決起軍の指導者の一人、陳勝は、一時は河南省の陳に農民王国を建設して王位につくほどの勢いを示していた。最終的に秦をほろぼして漢を建設した劉邦もまた農民の出身であった。秦代以来の灌漑工事による農地の拡大と農業技術の改革とが、農民に力をたくわえさせ、その爆発が秦を倒し、漢を誕生させたともいえる。

王権の誕生と交替の現象に働く原理を求めて、さらに東アジアの王権を比較してみよう。

2 東アジア三国交替現象

さきに作成した中国歴代王朝の首都のおかれた場所の一覧表にもどる。

この表で、華北における専制王朝の交替という現象とならんで、もう一つ注目されることがある。異民族による王朝の交替例がすくないことである。漢民族以外の異民族によるあきらかな帝国支配は、女真族による金、清、蒙古族による元くらいであった。女真はスキタイ族、渤海遺民などから構成された多種族で、なかには漢民族もまじっていた。中国は、異民族が多数いるから頻繁と王朝の交替が起こったという、かなり一般的に行なわれている考えが、じつはそれほど妥当性を持っていないことが分かる。むしろ、華北の地では北方諸民族による外圧が、漢民族の危機感をたかめ、富国強兵政策をとらせた結果として、巨大帝国の誕生をうながしたとみるべきであろうし、また、安田喜憲氏の前述の接触理論が説くように、定着農耕民と移動遊牧民の接触が、あたらしい国家の成立のきっかけになったという事情も考慮されなければならない。前節にあげた要因のAである。

朝鮮半島でも、古代から多くの王朝や王国が交替している。これも一覧にしてかかげてみる。

加耶《かや》（朝鮮南部、慶尚南道・慶尚北道）
高句麗《こうくり》（朝鮮北部、鴨緑江周辺）
百済《くだら》（朝鮮中部、京畿道・忠清南道）
新羅《しらぎ》（朝鮮南東部、のち朝鮮を統合）
渤海（朝鮮北部、多種族国家）
高麗《こうらい》（朝鮮中部、黄海南道開城、のち朝鮮を統合）
李氏朝鮮〔朝鮮王朝〕（朝鮮中部、ソウル、のち朝鮮を統合）

朝鮮半島では、中国のように北方に巨大王朝が誕生したという事実は認められない。朝鮮半島全域を統合した新羅や李氏朝鮮は、むしろ半島中央部におこっている。これには、朝鮮半島は中国に比較して国土がせまかった、中国の黄河にあたるような氾濫をくりかえす大河がない、隣国の中国や日本とのあいだに複雑な政治力学がはたらいた、などの特殊な事情を想定しなければならない。

また、ツングース系の遊牧民族である扶余《ふよ》が建国した高句麗、百済の二国と、多種族国家の渤海をのぞくと、ほとんどはいわゆる韓族の建てた国であって、異民族が新しい王朝を建設したという現象も顕著ではない。この点は、中国大陸と共通する。

以上、中国、朝鮮、さらに唯一王権が永続した日本を加えた東アジア三国の王権交替の現象を比較した結果、次の三点があきらかになった。

①頻繁な王権交替は中国黄河流域と朝鮮半島で起こっており、中国長江流域と日本ではみられ

ない。

②東アジア全域をつうじて異民族による王権交替という現象は顕著ではない。

③王権交替現象の重要根拠として食糧の生産方式の違いがある。

この③を中心に王権の交替と永続の問題についてさらに検討しよう。

Ⅵ　天の原理と太陽の原理

1　中国北京と韓国ソウルの天壇

北京市の東城区に有名な天壇公園がある。北京でもっとも有名な観光地区になっている。二七〇万平方メートルの広く静かな公園である。巨大な祭祀用の壇廟建築で、明、清王朝の皇帝が毎年天地の神を祀り、豊作を祈った場所で、もともと明代の永楽帝が十五世紀半ばに建設したものであった。「天は円、地は方」の思想（『荘子』ほか）から、北側は半円、南側は方形になっている。祈年殿は傘を広げたような三層の青い屋根を持つ円形の建物で、高さ三八メートル、直径三〇メートルで、釘はまったく使われていない。天壇のなかでもっとも美しい建物である。この南側にあるのが皇帝と先祖の位牌を安置する皇穹宇である。内部の灰色の壁は回音壁とよばれ、壁際で話す声がよく反響するように造られている。さらに南側に圜丘《えんきゅう》がある。ここは皇帝が天に祈りを捧げた場所で、三層の大理石の壇でできている。

この天壇公園と対称的な位置にあるのが地壇公園である。方沢壇《ほうたくだん》ともよばれ、むかし、皇帝が皇地神（地の神）を祀った場所で、方形を基調に設計されている。祭壇は二層で、上壇には中国五岳

祈年殿

北京天壇

祈年殿の内部

天壇の南側に位置する圜丘

歴代皇帝の位牌安置所・皇穹宇（上）とその内部（右）

地壇

（嵩山、泰山、崋山、衡山、恒山）を表わす石座が置かれている。

天壇といえば北京が有名であるが、実は天壇とよばれる場所は中国各地にある。明、清が中国全土の支配を確立すると、その出先機関の置かれた地方では、それぞれに天の神に祈願を込める天壇が築かれた。また、最近、中国唐代の都であった長安（現在の西安）から、やはり皇帝が天の神に祈りを捧げた円丘跡が発見されている。天壇とはよばれなくとも、それに当る施設は古代から建設されていた。

豊作を祈ったり、雨を祈ったりした天壇は韓国のソウルにも実在する。韓国の史跡第一五七号である円丘壇（ウォングダン）は、ソウル市中区小公洞の、現在はウェステン朝鮮ホテルが位置するところにあり、ホテルの後ろに石鼓（ソッコ）と皇穹宇（ハングンウ）、そして石彫大門（ソクチヨデムン）だけがのこっている。韓国の学会に参加した私は、このホテルに泊まり、朝、窓を開けて、偶然、眼下に史跡の円丘壇を見ることができた。

西安（長安）の唐代円丘壇

朝鮮半島の天を祀る祭祀は古代から行なわれており、高麗王朝の第六代国王成宗二年（九八二）には、円丘祭として制度化されたといわれている。このように円丘祭（ウォングチェ）は、三国時代から高麗時代、李氏朝鮮時代と代々の王朝で行なわれ、一八九七年に第二十六代高宗が大韓帝国の皇帝に即位したときまで継続していた。
重要なことは、中国や韓国にあった皇帝による祭天祭祀が日本には存在しなかったことである。厳密にいうと、平安時代に三度だけ記録

ソウル円丘壇の皇穹宇

にのこっているが、例外的なものであり、対になる地の祭りもなく、祭壇が建造された形跡もない。天皇による国事行為としては定着しなかった（渡辺信一郎『中国古代の王権と天下秩序』）。

日本は、七世紀から八世紀にかけて国家体制を整えていったときに、中国の隋や唐の法律体系や官僚制度を採り入れた。にもかかわらず、重要な分野で中国の制度の採用や影響を排除していた。天の神の祭りはその代表例である。

なぜこのような選択を当時の日本人は行なったのか。そして、その選択は、日本国家の誕生と永続にどのような意味を持っていたのか。

2　天の思想と太陽の思想

天の思想とは、天の命令をうけて王となり、徳をうしなって天の怒りをうけて王の位置を追われるという思想である。はやく、一地方政権にすぎなかった周が殷（商）をたおして王権をうばった行為を正当化するために考えだされた政治的イデオロギーであり、『書経』『詩経』をはじめとする儒教の書物のなかで明確に理論化されていった。

天に至上神を認める思想は、周に先立つ殷代においてすでに存在していた。帝または上帝とよばれた天の神は、天候や災害、作物の稔りなどの自然界と、戦争、祭祀、官吏の任命などの地上におけるあらゆる事象をつかさどると考えられていた。当時、シャーマンでもあった殷王は、亀卜《きぼく》を用いて上帝の意思をたずね、災害の時期や戦争の結果を予知し、さまざまな呪術を行なってその被害を防止しようとしていた（「天」『中国思想文化事典』）。

こうした上帝の至上神としての側面を継承しながら、善なる意思を持った一種の人格神に変容させられたのが、周代の天であった。『詩経』や『書経』に説く天は、周による殷の討伐を正当化するねらいを持っていた。

『書経』の「多士」という章には、殷をほろぼした周公が殷の遺臣たちにつげたことばを次のように伝えていた。加藤常賢著『書経　上』（『新釈漢文大系25』）を分かりやすく書き改めた。

汝ら殷の王室に仕えていた者たちよ。悪意を持った天が亡国の運命を殷に降した。そこでわが周は王国を開くべき天命を受けて、天のあきらかな威光を奉じて、殷に大罰をくわえ、殷に与えられた天命が終わったことを上帝に告げたのだ。それ故に、汝らは、わが小国の周があえて殷の天命を奪ったと非難しているが、それは天が殷には与えないのだ。天はしきりにわが周を助けている。わが周がなんで王位などを求めようか。ただ上帝が殷には与えないのだ。われわれ地上の人々の行なったことは、天のあきらかな威光によるものなのだ。

ここでは、天はみずからの意思で積極的に有徳の王には幸運を、不徳の王には災害をもたらすものと説かれ、卜占を用いなくても天の意思を知ることができるものとされている。その結果、周王は、天命を受けて天下を統治する天の子とされ、その統治が正当化される一方で、天の意思に背いた王朝が交替しなければならないとする論理も明確化した。

この天の思想は、天子の家の姓が変わることから易姓革命、王位は天からさずけられると考える天命思想、また、天の意思は日蝕、地震、旱魃、水害などの譴告《けんこく》となって現われるとするところから天譴《てんけん》思想ともいわれた。

この中国の天の思想に対立する、日本の天皇家永続の理論的根拠が太陽の思想であった。太陽の子孫だけが天皇の地位につくことができ、太陽の永続が天皇家の永続をささえるという考えで私が初代天皇と考える三世紀後半から四世紀前半の崇神天皇の時代に確立し、理論化され（「Ⅷ　Ⅰ　天皇と日本国の誕生」）、『古事記』や『日本書紀』に神話体系としてとり込まれていった。

『古事記』を例にとれば、そうした思想が全体にゆきわたっているが、ことに「三貴子の分治」、「スサノオの天上からの追放と五穀の起源」、「草薙剣」、「オオクニヌシの国譲り」、「ニニギの出生と降臨の神勅」、「天孫降臨」、「ホデリノミコトの服従」などの、骨格をなす神話に、天上の太陽神であるアマテラスの子孫の永続性と絶対性が周到に語られている。これまでにⅠ・Ⅱの各章で説明してきたところである。

「三貴子の分治」では、皇室の祖先神のアマテラスが天上世界の高天原を統治するようになったいわれが万物創生神であるイザナギの意志によるとして、次のように説明されている。

火の神カグツチを生んだために陰部を焼かれて死んだ妻のイザナミを連れもどそうと、夫イザナギは黄泉の国を訪れたが、そこでイザナミの怒りを買って、かろうじて地上に逃げもどった。筑紫の日向のアワギ原の水中で身の穢れを払ったあと、まず左眼を洗ったときにアマテラスが、次に右眼を洗ったときにツクヨミが、そして鼻を洗ったときにスサノオが、それぞれ誕生した。三人の貴い子の生まれたことを喜んだイザナギは、アマテラスに高天原を、ツクヨミに夜の世界を、スサノオに海原の支配を命じた。

ここで注意しておきたいことがある。アマテラスは元来地上で生まれて後に天に昇った神であったということである。ここにも中国の天の思想に対立する太陽の思想の特色がある。

もう一話「天孫降臨」を例に取る。これも『古事記』による。

オオクニヌシが天神に葦原中国《あしはらのなかつくに》を譲りわたしたのち、アマテラスと高木神が、アメノオシホホミミに下界への天降りを命じた。オシホホミミは、自分と高木神の娘との間に生まれた子のニニギノミコトを、自分の代わりに降臨させるようにすすめた。そこであらためてホノニニギに豊葦原の水穂の国を統治するように命じられた。そのとき、天降りの道がいくつも別れている所に光を発している神がいた。そこで睨み勝つ力を持っているアメノウズメに命じて、正体を尋ねさせると、国つ神のサルタヒコと名乗り、「天つ神の御子が天降りなさるとうかがい、先導をつとめるために迎えに参りました」といった。

ここでも下界を統治するニニギがアマテラスの正統の血筋をひく後継者であることがくり返し語られている。アメノオシホミミはスサノオがアマテラスの左の角髪《みずら》にさしていた珠を嚙み砕いて誕生させた神である。姉弟の共同作業によって生まれた神で、豊穣を約束された稲魂《いなだま》の神とされている。その血を受けたニニギもまた若々しい霊力を持った稲魂である。天上の太陽神の後継者が同時に稲の神でもあることが強調されていることになる。

天の思想も太陽の思想も、王朝の交替、天皇の永続という現実を正当化するために創りだされた政治的イデオロギーであった。その点では、きわめて人為的に操作された理論であるが、その人為的理論が生みだされた母胎には、前章「2 東アジア三国交替現象」の③で指摘した、食糧の生産方式＝生業の違いに基づく自然信仰があったと考えられる。当然ながら、天の思想を生みだした母胎は天への信仰であった。対する太陽のイデオロギーを生みだした母胎は太陽への信仰であった。

3 中国黄河流域の天の信仰

中国黄河流域の天の思想をささえた根源には天の信仰があった。黄河流域の天の信仰を検討してみる。

先秦時代、詩は黄河流域で歌われた歌謡の歌詞を意味していた。この北方の歌謡はのちに『詩経』とよばれる歌謡集にまとめられた。『詩経』は、紀元前十一世紀から紀元前八世紀の、西周から東周の初めごろの歌を集めたもので、中国最古の歌謡集である。『礼記』「王制」、『国語』「周語」、「晋語」などに、周代には詩が各地の民情を知り、政治を正すための資料として積極的に集められていたと伝え、『漢書』「芸文志」には、そのために「采詩の官」という専門の役職が設けられたとのべられている。これらの記述は、いずれも周代を理想化するもので真偽のほどはあきらかでないが（前掲『中国思想文化事典』）、『詩経』に収められた詩篇が、周代の民俗と信仰について、かなりゆたかな情報を伝える資料であることは信じてよい。『新釈漢文大系　詩経』の本文から幾つかの詩句を次に紹介する。

文王の御霊は天に居り、ああ天に輝く。周は古い国であるが、天命を受けて周を新たにした。周の国威は大いに明らかに、その天命は久しい。文王の御霊は天地を昇下し、上帝の側に仕える。（大雅）

文王は殷をほろぼして周を建てた王である。その文王の創業を天命拝受の結果として称えている。文王は没後天に上り、上帝の側に仕えて、地上の子孫と天上の上帝の間を往復しながら、子孫の行動を見守っている。

多くの諸国は、昊天《こうてん》から子のようにいつくしまれ、彼らは実によく周の国をたすけた。（周が殷をほろぼすため武力をもちいて）人々を動揺させた際、（天下の人々で）恐れおののかぬものはなかった。

（その後、周は）よろずの神、大川・高山の神をことごとくなだめた。（周頌）

昊天は大いなる天。天をほめたたえたことばである。地上に山川の神をはじめとし、もろもろの神々が存在するが、それらの神々の上に君臨する絶対の神が天である。天は周をたすける小国をもいつくしんでいる。

ああ諸侯の楽師よ、あなた方は宗廟にいるのだからつつしめ。
王はあなた方の豊作のため身を謹み正す。十分よく受け止めよ。
ああ！　保介よ、この晩春に、
（農事以外）また何を求めるのか、新田の様子はどうなのか。
ああ豊作の麦をみのらせ、多くの実を収穫させたまえ。
光り輝く上帝よ、豊作を与えたまえ。
さて農民たちにいそぎ耕具をととのえさせよ。
速やかにたくさん刈りいれん。（周頌）

王が臣下とともに神廟で、豊穣を上帝に祈念し、みずから苗を植える儀礼の詩である。この儀礼を籍田《せきでん》という。この祭祀に参加した諸侯の楽師に謹んで奉仕することを求めているのが、第一行、第二行である。三行目の保介は、農事をたすける者である。上帝は、天命を下して王朝の交替を行なうだけではなく、豊作を実現させる豊穣の神でもあったことが、この詩であきらかになる。

このような古代の天は、『礼記』（前漢時代成立）では皇天上帝、『周礼』（戦国時代以降成立か）では天・天神・昊天上帝など、『詩経』や『書経』（春秋時代成立）では昊天・蒼天などと表現されている。

天によって任命された皇帝＝天子は、つねに天の祭りを行なって、その意思に従って、政治を行なわなければならなかった。天の神を祭る郊祀《こうし》は天子だけが執行できる特権であった。『礼記』には次のようにのべられている。『新釈漢文大系　礼記』から引用する。

天子は五年に一度巡守（諸国の巡視）をする。その年の二月に、まず東方の巡視をして岱宗（泰山）に至り、柴を焼いて天を祭り、山川に対して望（という）祭を催し、その地方の諸侯を集めて会見し、かつ諸侯の国ぐにに百歳以上の人があるか否かを問い、あれば天子みずから訪問する。そして大師（楽人の長）に命じその地方の詩歌を集めて並べさせ、それで地方の風俗を見る。（王制）

天子が四方へ行ったときは、まずそれぞれの方嶽に至り、柴を焼いて天を祭る。（郊特牲）

柴を焼いて煙をたちのぼらせ、その煙をとどけて天を祀ることを「燔柴《はんし》」といった。柴の上に玉帛《ぎょくはく》（玉ときぬ）といけにえをならべ、これを燃やした儀礼であった。天子による天の祭りは地方巡行の際だけではなく、年中行事としても定着し、後続の王朝に受けつがれていった。都城の四周に祭壇を常設し、その中心には天をまつる圜丘壇《えんきゅうだん》＝天壇を設け、天子がみずから祭祀を執行した。この天壇については「1　中国北京と韓国ソウルの天壇」で詳述した。すでに前漢時代には行なわれており、『漢書』「郊祀志下」にくわしい記述がある。そうした祭祀でも、柴のうえに玉帛と供物を並べ、焼いて煙を天にとどける儀礼が中心となっていた。

中国の代々の王権の供犠については、のちにまた詳しくのべる。

4　長江流域の太陽の信仰

黄河流域の天の信仰に対して、日本では、太陽の信仰が盛んであった。日本の天皇の永続を支えた信仰は太陽の信仰であった。両者の対比をわかりやすく表にして示すと次のようになる。この対比表は私の前作『日本王権神話と中国南方神話』にも記した。

・中国黄河流域	狩猟・牧畜・畑作農耕	天の信仰	強大王権交替
・中国長江流域	稲作農耕	太陽の信仰	弱小王権交替
・日本	稲作農耕	太陽の信仰	天皇の永続

この対比表によって、日本の太陽の信仰と天皇の永続の由来をきわめるうえで重要な鍵となるのが、中国の長江流域であることがあきらかになる。ここでも、太陽の信仰が盛んであったし、いまも盛んである。また、稲作もこの地で誕生して、日本に伝来した。稲と太陽が重要な意味を持っている日本の思想や信仰を解明する鍵は長江流域にある。

『詩経』が華北の地の民謡や詩であるのに対し、長江流域の楚の国で歌われた歌の歌詞が『楚辞』である。

『楚辞』十六巻の成立は複雑である。戦国時代、紀元前四世紀から三世紀にかけて生きた楚国の重臣屈原の作品が、この書の成立に重要な役割をはたしていることは確実である。彼は、いわれのない中傷にあって江南の地に流され、汨羅《べきら》の淵に身を投げて死んだ憂国の詩人であった。『楚辞』には屈原の作品の他に、彼の門下や彼の詩風を慕う詩人たちの作品も収められている。最終の編集者は、漢代の劉向といわれる。

『楚辞』のきわだった特色は、基底に存在する楚地方の巫師の歌う祭祀歌謡が屈原の詩才に染めあげられて、高度な文学性を獲得していることである。『楚辞』が中国文学に与えた影響は大きいものがあり、あわせて、戦国時代、長江中流域の祭祀歌謡の絶好の資料にもなっている。『楚辞』を分析して、紀元前三、四世紀ごろの中国江南地方の信仰をうかがってみよう。訳と解釈は、星川清孝著の『新釈漢文大系　楚辞』を元に、表記を分かりやすく改めている。

今日のよき日の時刻もよい。ここにつつしんで上天の神を慰め奉ろう。仕えまつる巫が長剣の玉の柄頭を握れば、ちりりんと帯の玉が鳴る。うつくしい玉のむしろに、白玉のおもしがおいてある。玉のようにうつくしい香りのよい花をあわせとりもってささげ、香気たかい肉をそなえて蘭をその下に敷き、肉桂をひたした酒、山椒を香辛料とした薄い酒の飲み物を祭壇にならべる。そこで撥《ばち》をふりあげて鼓をうち、笙をふき、琴をひいて高らかにうたうと、しなやかに舞う巫女はうつくしくよそおい、芳しい香りはたちこめて広間に満ちる。五音いりまじって合奏すれば、神はよろこばしげにやすんじて楽しみたまう。（東皇太一）

東皇太一は、詩中に上天の神とある天の神である。『漢書』の「郊祀志」に「天の神の貴い者を太一という。太一を補佐する神を五帝（四方と中央の神）という。古代、天子は春秋の季節に太一を東南の城外に祀る」とある。つまり楚の東南に祠《ほこら》があった東皇に太一を合祀したところから、太一を東皇ともよんだ。天の最高神である。

右の詩は巫女が天の神を祀る情景を歌っている。祭壇を設け、供物を揃えたのちに、音楽に合わせて長剣を身に帯び、玉を飾った腰帯をまとった巫女が、舞いはじめると、天の神が祭壇に降臨してくる。

この詩で注意すべきは、天の神は天上に存在するが、巫女の招きで地上に降りてくるということである。江南の地に盛んであったシャーマニズムの実態をうかがうことができる。

次の詩も天を居所とする雲の神が、美しく清潔に装った巫女の招きで、地上に降臨し、祭壇に憩うさまを歌っている。


蘭の湯を浴び、香水に髪を洗い、色彩うるわしい衣は花のようである。このように清潔に美しくよそおって神に仕えまつれば、神霊はゆらゆらと降りとどまり、神光はかがやかしく照らして極まりつきることがない。雲の神は、ああ、祭殿に安らごうとして、日月と光をひとしくして輝き給う。龍に車をひかせ、天帝の服をつけて、神はしばらく天駆けりさまよい給う。神はかがやいて、すでにここに降り給うたけれども、たちまち遠く雲中にあがってゆかれた。(雲中君)

この詩で注意されるのは、冒頭部分の神来臨の場が、巫女の身体そのものと受けとられることである。

この個所、原詩を書き下すと、「蘭湯に浴し芳に浴す。華采の衣は英《はな》のごとし。霊連蜷《けん》として既に留まり、爛《らん》として昭昭として未だ尽きず」のようになる。前の行では巫女を歌い、続けて神霊が留まるという表現から、神はまずその巫女の身体に降り給うたと判断される。前の「東皇太一」と合わせて、江南の地のシャーマニズムは憑霊（ポゼッション）型と考えられるのである。

太陽を歌った詩がある。次にそれも意訳して検討する。

赤々と朝日は東方に出ようとして、扶桑のもとにあるわが宮殿の欄干を照らす。私の馬をおさえて静かに駆けると、夜は白白とはや明けてきた。龍に車をひかせ、雷雲に乗り、雲の旗を立てて、ゆらゆらとたなびいている。私は長いためいきをついて、いよいよ天に昇ろうとするのであるが、心は去りがたくて顧みおもう。ああ、歌声や色うつくしい巫女の私をなぐさめることよ。観る者は皆心やすらかに帰るをわすれる。張りつめた琴と打ちかわす鼓の音、玉でかざった台にかけた鐘を撃つ。鳴りひびく横笛と吹き鳴らす竽の調べ。神巫女《かんみこ》の徳すぐれてみめうるわしいのを思うのである。

巫女たちは飛びめぐり、カワセミのように挙がり、詩を陳《の》べ、集まり舞う。音律に応じて調子を合わせているうちに、もろもろの神のみたまが日を蔽うようにして天下る。

私は青雲の上衣に白虹のはかまをつけ、長い矢を取りあげて、天狼星を射る。そして自分の弓を持って立ち帰り降って、北斗の星の柄杓を取り、肉桂のかおる薄い酒を酌む。やがてわが手綱をもって高く馳せかけって、はるかな暗黒の中を私は東へと行くのである。（東君）

題名「東君」は太陽である。巫女が太陽神である東君に扮してその神威を自賛している。昇ってゆく朝日である東君が、自分を祀る地上の祭儀に心ひかれて去りがたく思う。あまりの祭儀の盛観に、太陽神はついに高い空から降りてくる。太陽神は天狼神（凶星）を射て、天空を征服し、赫赫《かくかく》とした神威を輝かし、北斗の柄杓を手に取って、供えられた飲み物を飲んで、この祭りを享受する。やがて太陽神は暗黒の空の中を東へ去ってゆく。

冒頭の朝日の光が東君の欄干を照らすという、日神と太陽が分離した表現は、東君に扮した巫女が日の出を歌ったもので、客観としての太陽と主観としての日神東君が分離した形式になっている。「わが」「私」は太陽の自称である。太陽が一人称で心中を語っている。

このように、巫女が太陽に扮してその威力を自賛するという、一見主客混同した詩の表現が成立するのも、神霊が巫の身体に憑依する憑霊型のシャーマニズムが長江流域にひろがっていたからであった。

もう一つ注意すべきことは、太陽信仰が天の神の信仰に支えられていることである。日本のアマテラスのように太陽信仰と天の神の信仰が合体していたのではなく、長江流域の太陽信仰は天の神の信仰と両立し、しかも女神であったのである。

中国では、華北と華南で、太陽に対する考え方が変わる。華北の黄土地帯ではその光熱で人々を苦しめ、男神と観念されて、多くの射日神話が生まれた。他方、華南では光熱は弱まり、人々に恩恵を与える女神とみなされ、信仰対象になっている。その結果、華南の射日神話に変化が起こる。右の男神としての太陽神は北方系の太陽神である。

その変化が台湾原住民の射日神話にも現われている。台湾原住民の太陽は、射日神話の対象となってはいても、最後は人々に恩恵をもたらす女神になっている。

台湾原住民には、民族の誕生に太陽が関わったという神話が、パイワン、ルカイ、プユマ、アミなどの諸族に伝わっている。

天から降った小さな壺に太陽の光線が当たり、民族の祖先が誕生したという次のパイワン族の神は男神の太陽である。

> 太古、石のなかから生まれたタムルガンという者が、カトモアン山に登ったところ、小さな壺が天から降ってきた。間もなくその壺に太陽の光線が当たり、なかから二人の子どもが現われた。
>
> 彼はその二人の子を連れ帰って養育した。二人は成長して頭目となった。（『台湾原住民文学選5　神々の物語』）

パイワン族神話の想像図

壺は天から降ったものであり、太陽光線が当たって一族の祖先が誕生したというこの種の神話は、女神に形を変えてパイワン族の各種族に流布している。太陽が産み落とした土器の壺のなかに二個の卵が入っていて、その卵が孵化して祖先の男女になったという形式、太陽が直接卵を産み、孵化して祖先になったという変型もある。このことについては、私の前著『親日台湾の根源を探る台湾原住民神話と日本人』）で詳しく述べた。上の図は、太陽光が差して壺が割れ、民族の祖先が誕生したというパイワン族神話想像図である。

民族の祖先の誕生に太陽が関わった神話はパイワン族以外にも伝承されている。次の神話はアミ族の神話であるが、あきらかに女神である。

洪水に遇った兄と妹は臼に乗って山に漂着した。そこで小屋を作り住んでいるうちに妹は懐妊した。始めに生まれたのは蛇であり、次に生まれたのは蛙であった。二人はびっくりして、それらを家の側に捨てた。そのとき、天より下界を見ていた太陽は、不憫に思し召し、使いの神を下界に送った。兄妹は怪しいものが天から降りてきたのを見て、驚いて逃げようとした。使いの神はそれを制して、「我は母神の太陽の命令で汝らの見舞いにきたものである。驚かないでよい。汝らに子はあるか」と尋ねた。兄妹が蛇と蛙の生まれたことを告げ、使いの神は天に戻り、母神の太陽に報告した。太陽はますます不憫にお思いになり、さらに二神を送って兄妹の生活を助けた。そのお蔭で兄妹の子孫は繁栄した。（田哲益『阿美族神話与伝説』晨星出版、二〇〇三年）

このような太陽信仰を継承しながら、日本のアマテラスも女神であった。

Ⅶ　長江流域の稲作民

1　侗《トン》族の民俗

日本の天皇制について包括的な考察を加えようとするとき、中国長江流域の民俗が重要な関連を持っていることが、これまでの検討であきらかになった。その要点は、前著『日本王権神話と中国南方神話』でものべた。長江流域の民俗についてさらに詳細な検討をつづける。

二〇〇一年の夏、私は長江の中流域、湖南、湖北、貴州の三省の少数民族、侗《トン》族、苗《ミャオ》族、土家《トウチャ》族の習俗について、長期の調査を行なった。同様な調査をその前後の時期にも数回実施してきている。

侗族は人口二百五十万を超え（一九九〇年国勢調査）、主要な分布地域は貴州、湖南、広西チワン族自治区の三省である。長江流域に古くから居住したいわゆる百越の末で、はやくから稲作に従事して生活を立ててきた。七月三十一日に日本をたった我々は湖南省長沙、懐化をへて、八月二日には貴州省黎平県の肇興寨に入った。人口三千八百をかぞえる侗族最大の部落で、ふつうは一部落一基の鼓楼が五基もあることで知られている。それぞれ一基を持つ五つの氏族が合同したためであった。

鼓楼は長橋（風雨橋）、涼亭などとならぶ侗族を代表する建築物である。大きな集落にはかならず一基は存在する。一般的には、四本の大杉を主柱として、その周辺に十二本の副柱をそえた楼である。伝説では、四本は四季、十二本は十二か月の風雨の順調を現わしているという。第一、第二の層は四角形で三層以上は八角形となっており、層は三、五など十七までの奇数である。高さは八、九メートルから十四、五メートルに達するものもあり、頂点の層に一個の大太鼓が架けられている。この太鼓は一族を代表する長老の管理するもので、事件がおこったときに彼は鼓楼に登って太鼓を打ち、集落民を召集し、他の集落に異変を伝える。鼓楼の名の由来である。

各層の軒にはめずらしい鳥獣が彫りこまれ、人物、花鳥、故事などが描かれている。鼓楼は政治、軍事などの議事の場所であり、祖先を祀り、共同の娯楽の場所でもある。

鼓楼の起源については大樹に対する信仰から発生したという説がある（劉芝鳳『中国侗族民俗と稲作文化』）。貴州省黎平県述洞村の五層の鼓楼が、一本の大杉上の棚から変化していった過程を観察して出された説であるから説得力がある。

塔はふつうには天上をめざす人間の志向を表現するものといわれているが、侗族の鼓楼は天への志向と大地への志向が合体している。鼓楼を支配する基本の信仰は、樹木、山、太陽の三つである。樹木の信仰は、原型が大杉であったという史実からも、木の柱が建築物の骨組みになっていることからもあきらかである。山は鼓楼の形状から容易に導かれ、太陽は鼓楼に円形の鏡が飾られ、頂点が太陽と樹木を象徴する傘の形をしていることからも推測される。

前著『日本王権神話と中国南方神話』でも詳述したように、侗族の間には薩神《さつしん》とよばれる女神信

鼓楼に連続する涼亭

トン族鼓楼とその内部（下）

侗（トン）族の女神薩歳を祀る、鼓楼背後の聖母壇

仰がゆきわたっている。薩神はまた薩歳《さすい》ともよばれる。薩は侗族語で祖母の意味である。祖先の女神が薩神である。最高の祖母、亡くなった祖母の意味になる。侗族神話では水稲耕作を始めた人物は薩歳の子孫の姜良・姜妹（張良・張妹とも）の兄妹二人だったと伝えられている。天下に大洪水が起り万物が滅んだとき、薩歳が送ったひさごに乗って助かった二人が夫婦になって山川動植物を生み、侗族をはじめとする人類の祖先になったといわれている。米や魚などもこの兄妹が創りだしたものである。この辺りの日本のイザナギ・イザナミ神話との類似についても前著で詳述した。

　薩歳はまた隋唐時代の女英雄

聖母壇内部の盛り土と樹木

聖母壇入り口

杏妃《きょうに》とむすびつけられている。伝説によると、ある村に杏妃とよばれる才色を兼ねた娘がいた。都から派遣された役人が租税として糧食だけではなく田地までも取りあげようとした。耐えきれない村人が反乱を起こし、杏妃はその先頭に立って戦い、役人を殺害した。皇帝は怒って大軍を派遣したが、杏妃は村人を指揮してその軍を打ち破った。しかし、官兵がその村を焼きはらおうとしたので、杏妃は高い崖の上から投身自殺をした。この杏妃後の人は彼女を祈念して祭壇を築き神として祀った。この杏妃が薩歳と同一視されて崇拝の対象になっており、侗族の村では決まってこの女神の祭壇がある。方形の区画に円形の盛り土がされ、その頂上には樹木が一本植えられている。貴州省黎平県地扪村が杏妃の自害の場所と伝えられ、杏妃の子孫といわれる男性が存在し、神としていまも特別視されている。

しかも興味深いのは、この薩歳を祀った祭壇は聖母壇とよばれ、多くは鼓楼の背後にあることである。鼓楼はすでにみたように政治の場である。その政治の場を先祖の女神が守護していることになる。この関係は、日本の皇室と伊勢神宮、天皇と後宮の関係に対応している。

侗族が万物の神として崇拝の対象にしているのが太陽である。

太陽に対する信仰は、薩神と並ぶ侗族の二大信仰である。すでにのべた鼓楼、住居、正装した男女の服装、帽子、身体の飾りなどに円形の太陽の造型物を見ることができる。彼らの年中行事にも太陽信仰が浸透している。また、侗族の男女は雨具としては用をなさない紙製の傘を冠婚葬祭の際や日常によく用いる。この傘は太陽と樹木を象徴するもので辟邪の働きがあるとされている。この太陽信仰と薩神信仰はふかい関わりがある。侗族の人々は両者を同一とみなし、太陽の光線は薩神の威力を現わすものと考えている（劉芝鳳氏前掲書）。

侗族社会には稲作にともなう信仰もゆきわたっている。

薩神は稲作の神でもある。侗族の人たちのために山を開き、田圃を作り、水利を整え、豊作をもたらしたのは薩神であった。人々は薩神に感謝し、田の畔で祭りを行ない、稲草を家に持って帰って飾る。これは薩神に家族の保護と一年の風雨順調、五穀の豊作、家畜の健康を祈願するためである。あきらかに薩神は稲魂《いなだま》でもある。

侗族は旧暦の二月の吉日を選んで、いくつもの村が合同で巫師が主宰する田の神の祭りを行なう。豚をはじめとする家畜を料理して酒宴の席を設け、祭儀を挙行したのち、正装した女性たちが半開きの紅紙の傘をさして、銅鑼《どら》や芦笙《ろしよう》の演奏、銃声に送られて村を出、他の村を訪問して回り、大きな田にゆき祭りを行なう。そのとき、その女性たちは薩神ともみなされているといわれている。

田植前に毎年行なう儀礼が開苗門である。開苗門は村の共有の田や祭祀責任者の田の畔で酒や馳走を供え、紙銭を燃やして苗神（稲魂）を祀る。この祭りをきちんと実施すれば、災害、虫害もなく豊作を期待できると信じられている。そのときに、一年の農事の次第を述べた〈田植歌〉をみんなで合唱する。歌が終ったのち、まず祭祀の責任者が田におりて最初の苗を植える。

また、撃鼓苗取りは日本の花田植えに当たるような行事である。苗代から苗を抜く苗取りの行事の際に、鼓でにぎやかに音頭をとりながら実施する。

泥田転びまたは泥田打ちは、五歳、十五歳などの節目の年齢に当たる男子が田の泥を浴びることで健康に成長し、田の豊作も期待できるという行事である。子供にとっては一種の成人式であり、また田に籠もる稲魂への信仰もそこに窺うことができる。日本の各地で現在も行なわれている〈どろんこ祭り〉の源流である。

稲に対する信仰は葬送儀礼のなかにも表現されている。出棺の際に遺族の女性は半開きの紙製傘をかざし、途上に紙銭と穀物を撒き散らす。また死者を弔う墓穴のなかに遺族の男性は銭や米を投げこむ。新しく築かれた墓のうえに米の包みをおく習俗もみられる。喫飯祭という儀礼は、死者を埋葬した翌日、遺族が農具や供物を持参して墓地にゆき祭典を行なったのち、家にもどって食事をする習俗である。その際、死者のためにも食事を用意する。

日本人の信仰や民俗を日本国内だけで解釈しようとする限界をしたたかに思い知らされた中国調査であった。

2　苗《ミャオ》族の民俗

少数民族苗（ミャオ）族の居住地は、湖南、湖北、四川、雲南、貴州、広西チワン族自治区などの各省に広がっているが、七百三十八万人に及ぶ人口（一九九〇年の調査）の五十パーセントまでが貴州省に住んでいる（田畑久夫他編『中国少数民族事典』）。

苗族の現在の主要な生業は稲を中心とした農業である。山間の標高のひくい盆地や河谷《かこく》のかたわらに形成された平坦地などでは、水田稲作が行なわれ、一部の水田では鯉なども養殖している。他方、山腹の斜面を切り開いて造成した棚田では、天水を利用した稲作が、段々畑ではとうもろこし、陸稲などが栽培されている。

この貴州省の苗族のあいだに顕著な稲魂信仰をみることができる（潘定智「丹寨苗族的穀神崇拝」『貴州古文化研究』、その他）。潘氏は穀物神という言葉を使っているが、実態は稲魂である。

彼らのあいだに地上の穀物の起源について三種の伝承が伝えられている。

①大洪水が起こりこの世から穀物がなくなった。そのとき、姜告略という老人がいた。老人は白バトとスズメに命じて、天上の銀河のあたりから穀物を盗ませた。人間はそのおかげで稲を植えることができるようになった。

②むかし、人間は山の洞窟に住んでいた。そのころ、苗族と漢族が同じ洞窟に居住していた。その洞窟に一人の老婆がいて、穀物と酒の麹種を持っていた。穀物は大きすぎて煮てもたべることができなかった。そののち老婆がいなくなった。利口な人間がいて斧で穀物を割ったところ、その破片からトウモロコシ、麦、稲、高粱《コウリヤン》、粟などが生じ、また土中に入って芋や蕨《わらび》が生えた。漢族は麹種を得て辛い酒を造り、苗族は甘い酒を造った。

③もともと穀物は遠くはなれた神農氏の里にあった。ある老人が犬に命じて穀物をとりにゆかせた。犬は途中に流れのはやい大河があったので、尾の先に穀物の粒を付けてもどってきた。そのために、現在、穀物の穂は犬の尾と同じ形をしている。

以上の三話は東アジアに流布している稲作神話の三つのタイプを代表している。①の鳥のモチーフは穂落し神の伝承として、中国、朝鮮、日本に流布しており、③の犬のモチーフはとくに中国南部にひろく行なわれている。また②の洞窟から穀物を入手するタイプは、洞窟から米が流出する、いわゆる「流米洞伝説」の変型とみることができる。このタイプは中国や朝鮮に広がっている（大林太良『稲作の神話』）。

この三つの稲作神話のうち、①は日本でも沖縄から東北にまで広まっている。③は弘法大師伝説と結びついて、これもかなり変型した話が日本でも流布している。②の流米洞伝説はいまのところ日本からは発見されていない。朝鮮半島にまで伝わっていながら、海峡を越えることができなかった神話、伝説、習俗などはかなりある。

稲魂のことを、苗族の人たちは穀魂、米鬼、穀神などとよぶ。稲が田圃で成長する旧暦の二、三月から八、九月のころまで、稲魂は田にあって稲の生長を見守る。この時期の稲の祭りは稲魂を中心に営まれる。

起活路（農事はじめ）、翻鼓節（鼓踊り）、撤苗（苗取り）、開苗門（田植え）、粽節（ちまき祭り）、稲魂祭、苗家稲祭（苗族稲祭り）、喫新節（新嘗祭り）、稲魂収倉庫行事（倉収め）など、農事の節目ごとの行事がそれに当たる。

起活路は春節（旧正月）ののちの決められた日（旧暦二月の第一亥の日など）の農事始めの行事である。河のそばの田を鋤《すき》で掘りおこし、カヤ・ススキや山椒を田に挿す。これは邪鬼の類の侵入をふせぐための儀礼である。開苗門は田植え開始の儀礼である。もち米のご飯と魚を苗代に捧げ、稲魂による保護を祈願する。そのとき唱える文句のなかで、稲魂に「姑娘《クーニャン》（娘さん）」とよびかける。

稲魂を女神とみなしていることが分かる。

稲魂祭は、虫の害などで稲の発育が不良のとき、その原因を稲魂が田のなかにいないせいと考え、鴨肉、酒などを持参して田にやってきて、稲魂に田にもどるように祈願する祭りである。

苗家稲祭は、若者や娘が稲魂そのものになる儀礼である。七月半ばの夜半、若者と娘たちが村の丘に集まって、この儀礼が行なわれる。指導者で歌い手になる人（巫師）が田から青々とした稲の葉（稲魂の変身とみなされている）を採ってきて、選ばれて稲魂になる若者の頭上に挿す。そして若者に耳をふさがせておいて、腰の鈴をならしながら、稲魂に生育をうながす歌を歌う。そのあいだに若者はしだいにトランスに陥って、あの世にはいりこんでゆく。途中、亡霊にあったりしながら、もっとも美しい場所までいってひき帰してくる。これで若者は稲魂と一体になって成長することができると信じられている。

喫新節は稲が成熟してきたころ、各家が田から奇数本の穂をぬき十粒の新米を古米のもち米とまぜて祖先と稲魂に感謝しながらたべる行事である。

稲魂収倉行事は秋の収穫が終わったのち、一升の米を選び、一把の稲束を小さな天秤棒にかけたものをその米に挿し、倉に納める儀礼である。そのときに、

九月がきました。十月がきました。穀粒はすべて倉に納まりました。

稲魂様どうぞ倉におかえりください。


と唱える。

苗族の人たちにとって、稲魂は田の神であるとともに彼らの一生を守護する神でもある。母の胎内に宿ったときから、最後の死を迎えるまで、稲魂に守られることによって無事に過ごすことができると信じている。

女性は懐妊すると巫師を呼んで稲束を部屋の入口に掲げて祈禱してもらう。邪鬼の類の侵入を防ぐためである。子供が成長すると、一椀の米と一個の鶏卵をいつも床のうえにおいておく。稲魂の保護を期待するためである。同じ目的で、子供の衣服や帽子には穀物や米を入れた布の袋がぶらさげられている。

病気にかかると、枕許に一束の稲の束をおいて病魔の退散を祈願する。新築の際には、まず使用する柱に稲束、鶏、魚、酒などを捧げて祈禱し、家が完成すると、大きな梁《はり》の両端に稲束をかけておく。不幸があって巫師がよばれると稲束が重要な役割をはたす。巫師は占いによって稲魂からその家の不幸の原因を聞きとり、災難を消滅させる。

中国貴州省苗（ミャオ）族集落入口に施された太陽と蛇の彫刻

苗族は死ぬと稲魂に導かれてあの世にゆく。出棺のとき、先導する巫師は通過する道に米を撒きちらし、死者を葬る墓穴にも米を敷く。このようにして、稲魂は死者の霊魂につき添う。

このような事例を並べると、稲魂が祖霊神と一つになっていることがあきらかである。梁に稲束をかけて、家の保護を期待するのも、死者が霊魂に導かれてあの世にゆくのも、稲魂すなわち祖先神であるからである。

稲魂はまた太陽神でもある。

民俗写真家の萩原秀三郎は、広西チワン族自治区の苗族の信仰習俗にふれて、正月に村の中心に立てられる芦笙《ろしょう》柱の本質を、鳥竿、宇宙樹、太陽樹としてとらえている。この柱の上には鳥の作り物が飾られる。その鳥がすべて東の方向に向いているのは太陽を迎えるためで、太陽は稲の豊穣には不可欠であり、そこから柱と鳥、太陽、稲魂が結びつくとのべている（『稲と鳥と太陽の道』）のは、従うべき見解である。

私たちは長江流域の貴州省の苗族部落を調査して回り、部落入口の門の中央に木製の太陽が飾られているのを見た。娘たちの正装の各種の飾りにも太陽を象徴する模様が発見された。

3　雲南省哈尼《ハニ》族の稲魂信仰

雲南省のハニ（哈尼）族にも稲魂信仰が存在する。はやくから雲南省に入って現地の稲作儀礼について調査を重ねている曽紅氏の調査を紹介する（「ハニ族の年中行事」諏訪春雄編『東アジアの神と祭り』）。

一月　五穀祭（穀物神に豊作を祈願する）
二月　ガマツ祭（稲魂の降臨をむかえる）
三月　苗床祭（稲の苗を祀る）、稲娘の聖婚式（稲魂を水田におろす儀礼）、穀物神と田の神を祀るハオへへ
六月　夏の松明祭（松明《たいまつ》の火に照らして稲の多産を祈願する）、水口祭（水田の水口に供物をささげる）
七月　虫送り（稲の害虫駆除の祭り）、稲花酒を飲む（初穂を神棚にそなえ稲籾をいれた酒を飲

む）

八月　新米節（ホスザ。稲刈りに先だちあたらしい稲魂と家の神棚に祀ってある昨年の稲魂との新旧交替を行なう）

九月　田の神への感謝祭（主婦は水田の真中で田の神に供物をささげ感謝の歌をうたい稲刈りをする）、倉入れ（倉のなかの新旧稲魂の交替儀礼）

十月　松の飾りと団子飾り（松の枝と稲の籾や若草を入れた竹筒、栗の枝を玄関にかざる。団子飾りは日本の餅花である）、年取り（団子をたべる）

ハニ族の古い暦法は一年を十か月としている。この簡単な叙述からも、

①農家の一年の行事が稲作の作業過程とむすびついて進行する。
②稲の祭りの中心に稲魂信仰がある。
③稲魂は家の神棚と倉に祀られる。
④稲魂は新旧交替する。
⑤稲は人々の生命力の根源である。

など、日本の稲作の信仰と共通するものが存在することがあきらかである。

曽紅の後をうけて、雲南省の少数民族の稲作儀礼調査に目覚しい成果をあげているのが、欠端実である。氏の調査から核心部分を引用する。

現在の雲南省においても、穀物が発芽し成長し開花し結実するのは、穀霊の働きによると考え、そのための儀礼を執り行なっている少数民族は多い。アチャン族の穀霊祭は典型的なものとされる。アチャンは、稲魂を離れると稲は育たず、実も入らないと信じている。したがって、ぜひとも稲魂を祀らなければならないと考えている……ハニにおいても稲魂信仰は強くのこされ、日本の稲作儀礼が今日に至っても守られている。(「雲南少数民族における新嘗祭」『新嘗の研究4―稲作文化と祭祀―』)

ハニは現在でも新穀を供える新嘗祭(フォシージャー)を行なっている。期日は一定していないが、おおむね七、八月の竜の日に行なわれる。稲魂(新穀の女神)はとても恥ずかしがりやなので、新穀を刈り取るときにはめでたい詞を唱えて、穀物を収穫する目的と新穀の女神をお迎えする誠意を表明しなければならない。穂がびっしりとつまっていて虫に食われていないものを選ぶ。刈り取った穀物は三本一くくりとし、三束に分けて先祖の位牌の所に掛け、一年中そのままにしておく。ただしお年寄りが亡くなったときにだけ持ち出して焼く。

新米節のときにはまず先祖に供える。主な供え物としてはご飯である。(同上論文)

氏はまたハニ族の新嘗祭の特徴を次のようにまとめている。

1　家の祭である。

新嘗の時には家族全員で新穀を食べる。その際、客を招かず、家族以外の人には食べさせない例が多い。また新穀を収めた穀倉は他人に見せようとはしない。

2　女性が主宰する祭である。

調査した六十余の村の内、十一の村が「新嘗」は女性家長が主宰すると答えた。男性が主宰すると答えた村は二例であった。

3　新嘗儀礼の中心にあるのは穀霊（稲魂）信仰である。

田畑にいる穀霊を家の中に迎え入れ祖先棚あるいは穀物蔵で休息してもらう。新穀を祖霊、穀霊および天神に供え共食する。新穀を食することは穀霊を食べることに他ならないという観念が今日ものこされている。

4　穀霊信仰と祖霊信仰とが結合している。

田畑に迎え入れられた穀霊は祖先棚に安置される。この祖先棚の移動や新設は新嘗の日に行なわなければならない。

5　穀霊を保護しているのは聖樹である。穀霊信仰と聖樹崇拝とは結合している。

ハニ族最大の祭は、田植前に行なわれる聖樹祭（アマトゥ）である。稲魂を庇護する天神が聖樹を伝わって降臨すると考えられている。聖樹は村建ての時、村のセンターとして選ばれるものであるが、西双版納（シーサンパンナ）では各家で聖樹を持つ村があった。

（欠端実「ハニ族の新嘗―アジア稲作の古層―」『アジア民族文化学会秋季大会発表』要旨）

ここでのべられている雲南省のハニ族の新嘗祭はそのままに日本の新嘗祭である。しかものちに変質してしまった日本の新嘗祭の古い原型を推定する手がかりさえのこされている。

雲南省は長江中流域に広がる湖南省、湖北省などよりもさらに西南に位置し、日本からは遠く離れた山岳地帯である。日本の稲魂信仰と雲南省ハニ族の稲魂信仰の共通性は、長江中流域の稲作民の稲魂信仰が東西に伝播したためであるといいきることができる。

4　日本の太陽信仰、稲魂信仰

皇室の祖先神であるアマテラスは、さらに、女神、太陽神、稲魂という三つの性格を兼ねそなえている。アマテラスについては、「Ⅱ　アマテラスの本質」でまとめて考察した。このような性格を持った神が侗（トン）族にも信仰されていることについて、この章の「1　侗《トン》族の民俗」で報告した。侗族の薩神とよばれる神は、民族の祖先神、女神、太陽神、稲魂、伝説上の人物という五つの性格がアマテラスと一致している。

さらに、祖先神・女神・稲魂・太陽神の四位一体、または祖先神・女神・稲魂の三位一体となった神が長江中流域に稲作民であるミャオ族やハニ族に信仰されていることについては、「2　苗《ミャオ》族の民俗」「3　雲南省哈尼《ハニ》族の稲魂信仰」などで記述した。日本のアマテラス信仰との一致は、長江流域の影響を日本が直接に受けたものと考えられる。このことは前作『日本王権神話と中国南方神話』でも詳述した。

太陽信仰、稲魂信仰などは日本に渡り、神話の世界だけではなく、日本の民俗社会にいまも生きている。

日本本土では太陽信仰をまだ各地で見ることができる。正月に初日の出を拝むこと、彼岸の社日

（土地神の祭り）参り、お日待ち、天道信仰、天道念仏、天道花、お火焚き神事、おびしゃの神事、ゲーター祭などの行事や習俗となっている。

天道信仰はとくに対馬を中心に、北九州などにも分布する。日神信仰と稲魂信仰を合体させ、真言密教の教義で体系化したものである。天道は天童とも記し、テンドウサンとよばれる。赤米を耕作し、その稲魂を加持祈禱し、崇拝の対象にしているが、このテンドウとは別に真言密教系統の天道法師または天道童子とよばれる菩薩を祀る信仰も広がっている。天道童子は母が日光に感精して懐妊し、成長して僧となったという伝説をのこしている。この日光感精説話は朝鮮半島を経由して、大陸北方の男性系太陽信仰が日本へ渡ったもので、中国南方の女性系の太陽信仰とは異なる。

天道念仏は、福島、茨城、栃木、千葉などの各県に行なわれている念仏行事である。四本の竹で櫓を組んで注連縄《しめなわ》を張り、中央に梵天を立て、供え物をし、梵天を中心にして時計回りに念仏を唱えながら踊る。一月から三月彼岸にかけて集中しており、テントウすなわち太陽信仰が核になっていて、そこに出羽三山の信仰や大日信仰、念仏信仰などが習合している。

また、羽黒山で大晦日から元旦にかけて行なわれる松例祭は、やはり修験道の聖地出羽三山の信仰と太陽の信仰が結合し、冬至で弱った太陽の生命力を復活させる祭りである。暮から新春にかけて行なわれる霜月神楽、火祭りなどには、共通して衰弱した太陽の生命力を復活させる儀礼を見ることができる。

関東地方に集中して分布するオビシャは、三本足の烏または烏と兎を一対で描いた的を弓で射る正月行事である。烏は太陽、兎は月を表わすものとされ、中国にはじまって日本に伝来した射日神話である。太陽の死と再生を儀式化したものとされている（萩原法子『熊野の太陽信仰と三本足の島』）。
同じように、三重県鳥羽市神島で年の暮れから元旦の早朝にかけて行なわれるゲーター祭りも、太陽の死と再生による秩序の更新を図るものである。この祭りでは、アワとよぶグミの枝に白紙を巻いて造った直径二メートルほどの輪を、若者たちが雌竹ではげしく叩き、初日の出とともに東の浜で高々と空に突きあげる。アワは日輪を型どり、叩くことは偽の太陽を叩き落とすことであり、空に突きあげる行為は日の出を意味する。ゲーターは迎旦つまり日の出を迎えることだといわれている。

神島ゲーター祭り（鳥羽市ＨＰ）

稲魂に対する信仰も、前述の対馬の赤米神事以外にも本土各地で見ることができる。その年の初穂を神に供えて感謝する新嘗祭、十二月の始めに田の神を迎えて収穫を感謝し、二月の始めに豊作を祈願して田の神を送りだす能登半島先端部のアエノコトの行事、その年の稔りの豊かさを祈願する祈年祭などの行事に、稲魂の信仰を見ることができる。さらにハレの日の餅、悪鬼払いの散米、墓への供物としての洗米、病人の枕元での振り米、出産の際の力米などにも米の霊力に対する信仰がある。

日本本土の太陽信仰と稲魂信仰は全体として次のような特色を備えている。

1　対馬の天道信仰からあきらかなように太陽信仰と稲魂信

仰の合体が見られる。

2　能登のアエノコトに示されるように祖霊信仰と稲魂信仰の合体が見られる。

3　稲の豊穣を司るだけではなく、人間の寿命や健康までも左右する米の霊力に対するつよい信仰がある。

こうした習俗はそのままに長江流域の稲作民族の習俗である。

日本の現在の太陽信仰は、ほとんどすべて太陽神は男性神と観念されている。その典型は、日光感精型説話で、人間の女性を孕ます日光は、あきらかに男性神と意識されている。時代は下るが、江戸時代の浄瑠璃作者近松門左衛門の浄瑠璃『曽根崎心中』にも「照る日の神も男神」とあり、日輪＝天照大神を男性神とする見方がうたわれていた。しかし、他方で、天皇家の大嘗祭や神嘗祭などでは降臨する神は女神のアマテラスであり、琉球王朝の即位儀礼で斎場御嶽《せーふあうたき》で新帝が遥拝する太陽神も女神である。海外文化の滞留地としての、日本列島の本質をうかがうことができる。

Ⅷ　天皇と日本国の誕生

1　天皇と日本国の誕生

日本の古代史学者のあいだに王朝交代論とよばれる学説がある。天皇家は『古事記』や『日本書紀』に記述されるような万世一系などではなく、幾度も王朝が交代しているという説である。次章で紹介する江上波夫の「騎馬民族征服論」などを先駆的な学説として、水野祐、井上光貞、上田正昭などがそれぞれの立場から古代王朝の交代を主張し、それに対する反論もまた活発であった。

そうした各種の古代王朝交代論のなかで、研究者がほぼ一致して、最初の王朝の建設者としてあげているのが崇神天皇である。

騎馬民族渡来説をとなえた江上波夫は、古代の東アジアでは、北方の騎馬民族が南下して各地に征服国家を建設し、その系譜をひく南朝鮮の任那《みまな》の王が崇神であり、この崇神が北九州に入って、日本の最初の王になったと主張した（『騎馬民族国家』）。

水野祐は、『日本書紀』の紀年や『古事記』の「崩年干支」つまり天皇の死亡年に関する記述の有無を検討して歴代天皇の実在を判断し、そのうえで、古王朝、中王朝、新王朝の三王朝交代論をとなえた（『増訂日本古代王朝史論序説』）。その水野氏が古王朝最初の王と考えているのも崇神天皇であった。

日本最初の王朝として三輪王朝を想定した上田正昭も三輪王朝初代の天皇として崇神天皇を想定している（『大和朝廷』）。崇神天皇の和名ミマキイリヒコ以降、名前にイリをもつ皇子や皇女たちが歴代の天皇となったイリ王朝は、三輪地方に宮居や墳墓を持つことが多く、三輪を拠点に勢力をひろげていったと上田氏は説いている。

『日本書紀』崇神十二年は記述する。

天下が治まったので崇神天皇を称えて御肇国天皇《はつくにしらすすめらみこと》と申しあげる。

私が日本国家の最初の天皇を崇神天皇と考える理由に、以上の水野、井上、上田各氏の論に加えて、次のような事実を挙げる。

第一に、崇神天皇は、神武天皇と並んで、日本を統治した最初の天皇の意味である「ハツクニシラススメラミコト」と称された天皇である。神武と綏靖以下の八代の天皇が「欠史八代」とよばれ、のちに挿入された非実在の天皇とされるのに対し、崇神天皇こそが、その子垂仁天皇と並んで「ヤマト王権の原型」と思われる。

第二に、すでに詳述したように、『日本書紀』の崇神天皇四年に次のような記事がある。

詔して「そもそも我が皇祖のすべての天皇が、皇位を継承して政事を行なってきたのは、ただ一身のためではない。思うに人と神とを統御し、天下を治めるためである。」と仰せられた。

国の統治には神と人の両者の統治が必要であるという、日本古代史の最大の真実を明言した最初の天皇である。

第三に中国の天の信仰を摂取した最初、最大の古墳の前方後円墳箸墓古墳の築造者であったこと。日本国家は日本の伝統である大地の信仰と中国から伝来した天の信仰の融合によって永続することができた。その最初の大事業が箸墓古墳の築造であった。

第四にこの箸墓古墳の近くに邪馬台国卑弥呼の遺跡の最有力候補と見られる纏向《まきむく》遺跡が存在すること。

第五に『日本書紀』崇神十年の記事に、北陸・東海・山陽・丹波の四道に将軍を派遣して国の平定に努めていること。これが史実かどうかには疑問ものこるが、神の統治とともに人の統治に努めた天皇であったことは推定される。

第六に大和三輪の三輪大社、出雲の出雲大社、子の垂仁に伊勢の伊勢神宮の三社を建造させて神の統治を実現したこと。

第七に太陽神アマテラスの信仰を確立し、三輪や出雲の蛇信仰を抑えつけ三種の神器を確定したこと。

第八にのちに詳述するように出雲から神器を奪取して三種の神器を確定したこと。

天皇家の大和王権は弥生時代の紀元前から存在したが、各地に並立した多くの王権の一つにすぎなかった。崇神天皇による天皇家の確立は、前方後円墳が前方後方墳を抑え込んだ三世紀後半から四世紀前半と考えられる。

右の第七を中心に、さらに説明をつづける。

崇神天皇の時代、日本人に大きな力を及ぼした神は、縄文時代以来の太陽神と蛇神であった。この二神が縄文時代以降の日本人に深く信仰されていた事実については、本章の「3 蛇と太陽は縄文の信仰を継承」で詳しく説明する。

『日本書紀』崇神六年には次のようにある。

倭大国魂神を淳名城《ぬなき》入姫命《いりひめのみこと》に託して祭らせた。ところが淳名城入姫命は髪が落ち身体はやせほそって神を祭ることができなかった。

『日本書紀』第六の一書の神代巻によれば、大国玉（魂）神は大国主神の別名である。

崇神天皇の時代の始めに大和の治安が定まらなかったのは、太陽女神アマテラスと蛇男神大国主という異質の両神を宮廷内に同居させていたためであった。同居させたのは、大国主が先住神であったからである。この異質の二柱を引き離し、大国主を出雲の地に移したことによって、一応の安定をみたが、しかし、大国主は故郷ともいうべき三輪での祭祀を求め、三輪に分祀することによって国内の大和と国外の出雲の秩序が安定した。

三輪と奈良は国内、出雲は国外であった。当時の観念では、国内（大和）・国外（大和の外）の騒乱は神々の意思の現われである。国内（大和）の治安は主として先住神大物主神が関与しており、その正しい祭祀、三輪神社の造営でほぼおさまった。

国外（大和の外）の治安は主として出雲大神の関与するところであり、その神宝の朝廷による管理と、出雲大神に対抗する天照大神の正しい祭祀、伊勢神宮造営が治安の維持に不可欠であった。

崇神天皇の時代に大物主神の祭祀によって大和の国内はおさまったが、辺境の動乱は依然としてつづいていた。これを史実の反映とみると、三輪地方に根拠をおいた崇神王朝が、この地方最大の土地神であった三輪神社を管理することによって、大和国内はおさまったが、大和国外の勢力を制圧するまでにはいたらなかったという当時の政情を反映していると解釈することができる。

2　蛇から太陽へ

日本の国家形成期、古墳時代以降の歴史は、太陽信仰による蛇信仰の制御としても動いた。アマテラスは太陽女神であり、太陽女神がスサノオや大国主の蛇男神を抑え込むことによって、日本国家が成立した。

天皇家はアマテラスを祖神とする太陽神の系統である。これと、複雑にからんで、日本の神話、伝説、歴史に登場してくるのが蛇神の系統である。

イザナミは、天皇家の祖となる太陽神系のイザナギと関係する蛇神系の神である。イザナミの本質が蛇であることは、阿部真司『蛇神伝承論序説』が詳しく論じている。イザナミ命が「死霊の統轄神であり黄泉国《よみのくに》の統轄神であることは『記』の黄泉津大神《よもつおおかみ》という呼称からもはっきりする。こうみてくると、イザナミ命につく八雷が蛇であり、死霊の化身であるとすれば、当然それを統轄するイザナミ命つまり黄泉津大神はより大きな蛇神であると見ることが可能なのである」（同書九四ページ）と氏はいう。

　オオクニヌシも根の国、大地、地方、蛇などとふかく関わる神であり、本質は蛇神であった。別名のオホモノヌシ、オホナムチなどはその名自体が蛇神を意味する。オホモノヌシの「物」は「鬼」「鬼神」の意味を持ち、全体として「威力の強い祟り神」つまり大蛇神の意味になる。オホナムチの「チ」も「モノ」「タマ」などと同じ意味で使用され、全体としては「大地の貴い存在」の意味になり（『日本神話事典』大和書房）、その行動を辿ると蛇神に通じる。

　そして、太陽女神のアマテラスを祀る伊勢神宮と複雑にからんで登場する出雲・諏訪・三輪の三社は蛇を祀る神社である。

　出雲大社は伊勢神宮に倣って創建されたが、出雲の地に伊勢より古い神社がすでに存在していたことは、遷宮形式や建築様式の違いから判断される。

　出雲大社の遷宮儀式は本来時期が決まっていなかった。慶長十四年（一六〇九）以来、伊勢神宮に倣った式年遷宮を目指したが、昭和二十八年の遷宮は前回の遷宮から数えて七十二年目であった。対する伊勢神宮は定期の二十年ごとの式年遷宮で、内宮は持統天皇四年（六九〇）以降、六十二回目になる。

　さらに、出雲大社は同一神殿の本殿だけではなく摂社・末社までの修造であるのに対し、伊勢神宮は別神殿への移築である。

　つまり、出雲は神が不動であり、伊勢は神が移動する。古代信仰の「動かない神」の段階にあったのが出雲であり、次の段階の「動く神」が伊勢であった。

　大和の勢力によって新しく造営された出雲大社は二種の神社建築方式の融合となったのである。

諏訪大社上社のミシャグジ神祠

出雲地方の各地の谷口には荒神様の名で藁作りの竜蛇神が祭られる。

出雲大社の岩根御柱は、磐座《いわくら》と柱の融合であり、伊勢神宮の造営は唯一神明造りで、柱が中心になっている。出雲大社は柱を中心とする伊勢神宮様式と融合する以前に磐座に宿る神に対する信仰がすでに存在していたのである。前章の「Ⅲ 4 大国主とスサノオ」で説明したように、出雲大社の本殿の後ろにある「八雲山」である。この八雲山こそが出雲大社の御神山であり、御神体そのものであった。

この出雲の山岳信仰の神は三輪大社と同じ蛇神であった。出雲には蛇に関する民俗が多い。出雲大社は蛇神の大国主を祀り、旧暦十月の神在祭には竜蛇神の神迎え、御本殿で斎行される「神在祭」の後、神楽殿において「龍蛇神講」など、蛇にゆかりのある祭りが営まれる。出雲地方の各地の谷口には荒神様の名で藁作りの竜蛇神が祀られる。

オオクニヌシの子タケミナカタが逃走した諏訪の地も蛇信仰が盛んである。

諏訪地方の蛇神は特に諏訪の土着蛇神であるソソウ（素霜、白い霜、転じて白髪か）神と習合されたためか白蛇の姿をしているともいわれており、タケミナカタや洩矢神（モレヤ神）と同一視されることもある。諏訪地方では太古からのミシャグジ信仰に後から来たタケミナカタが習合、同一視されるに到ったともいわれるが、元々諏訪地方の土着の精霊神だったミシャグジ神が記紀神話に取り入れられてタケミナカタになったという説もある。ミシャグジ信仰は東日本の広域に分布し、信仰の分布域と重なる縄文時代の遺跡からミシャグジ神の御神体となっている物や依代とされている物と同じ物が出土していることや、マタギをはじめとする山人達から信仰されていたことからこの信仰が縄文時代から存在していたと考えられる。

諏訪大社公式ホームページでも蛇神についてふれている。

建御名方神（たけみなかたのかみ）

上社本宮祭神。『古事記』の葦原中国《あしはらのなかつくに》平定（国譲り）の段で、大国主命の御子神として登場する。母は沼河比売（奴奈川姫）とされる。『先代旧事本紀《せんだいくじほんぎ》』には建御名方神が信濃国諏方郡の諏方神社に鎮座するとある。

八坂刀売神（やさかとめのかみ）

上社前宮・下社主祭神。建御名方神の妃。

なお、本来の祭神は出雲系のタケミナカタではなくミシャグジ神、蛇神ソソウ神、狩猟の神チカト神、石木の神モレヤ神などの諏訪地方の土着の神々であるという説もある。現在は神性が習合・混同されているためすべてミシャグジかタケミナカタとして扱われることが多く、区別されることは稀である。神事や祭祀は今なおそのほとんどが土着信仰に関わるものである。個々の祭神が意識されることは少なく、まとめて「諏訪大明神」・「諏訪神」として扱われることが多い。

三輪大社もここまで触れてきたように、本来蛇神を祭神とする神社であり、蛇との繋がりがつよい。

大国主を祭神とし、苧環《おだまき》型、丹塗り矢型などの蛇を主人公とする三輪山伝説を伝える。三輪山信仰は、本来、山の信仰であった。その事実は、現在も山をご神体として、拝殿だけで本殿を持たないことからあきらかである。次の段階は蛇をご神体とする。『古事記』『日本書紀』崇神天皇記などの伝える伝説である。大神神社公式ホームページが伝える人格神の段階は、最終の第三段階である。

大神神社公式ホームページには次のようにある。

三輪伝説をテーマとする能「三輪」

祭神　大物主神おおものぬしのかみ
配神　大己貴神おおむなちのかみ　少名彦神すくなひこのかみ

ご祭神は国造りの神として、農業、工業、商業すべての産業開発、方除（ほうよけ）、治病、造酒、製薬、禁厭（まじない）、交通、航海、縁結びなど世の中の幸福を増し進めることを計られた人間生活の守護神。

崇神天皇の御代に大流行した疫病を祭神が鎮めたこと、杜氏（とうじ）の高橋活日命（たかはしのいくひのみこと）が祭神の神助で美酒を醸（かも）したことから、医薬の神様や酒造りの神様として広く信仰をあつめる。また、ご祭神（さいじん）の御名、「大いなる物の主」はすべての精霊（もの）をつかさどられる・統（すべ）られるという意味をあらわし、災をなす精霊（もの）をも鎮め給う霊威から厄除け・方位除けの神ともなる。

3　蛇と太陽は縄文の信仰を継承

蛇と太陽、ことに蛇の信仰というと、異様な感じを受けられる読者も多いはずである。これまで、日本の古代史家が正面切って取り上げることのなかった問題であるからである。

蛇と太陽は縄文時代からの日本人の根源的信仰であった。

縄文という用語は、明治十年（一八七七）にE・S・モースが東京大森貝塚を調査して出土した土器の模様をcord marked potteryと表現したことに始まる。「陶器類に印された縄」という意味である。これを承けて、蓆《むしろ》、網、籠、布などの織物類の圧痕とする侃々諤々の議論が重ねられ、索紋、縄紋、蓆紋、布紋、網紋などの名称が案出された。ようやく縄文に統一されたのは昭和六年（一九三一）であり、提唱者は考古学者山内清男《すがお》であった（戸沢充則編『縄文時代研究事典』）。

この縄文命名の経過は、どこまでも模様としての網目を作りだすための技術論の追求であって、土器や土偶の本質論ではなかった。蛇信仰に起源する注連縄《しめなわ》が稲の信仰に支えられて現代に伝わったのとは異なり、水稲稲作の流布していなかったいわゆる縄文に縄の信仰はまったくなかった。

次頁の図版の上は草創期の青森県出土の土器である。縄文という名称の命名のきっかけになった最初期の土器である。胴体を見ると縄文説も納得されるが口縁部の周辺は蛇の鱗に由来する鋸歯紋《きょしもん》である。下は、埼玉県出土の縄文前期の土器である。やはり、口縁部は鋸歯紋である。しかし、もっと注意されるのは口縁部すぐ下のうねり模様である。これを縄文とよぶことは不可能である。

次頁の図の右上は群馬県出土の中期の土器である。下は長野県出土のやはり中期の土器である。私はことさらに蛇につながる模様と造形だけを選択しているのではない。時代の経過による作陶技術の進歩に伴う縄文土器の形態と模様の自然な変化が、蛇文の強調となっているのである。このような模様と造形をすべて縄模様とよぶことは絶対にできない。蛇文からの変化・発展と考えるのが自然である。

次は北海道のアイヌの熊祭りである。注目したいのは参加のアイヌ人の衣装の模様である。「アットゥシ」とよばれる民族衣装である。もう一例示そう。その下は同じく、現代のアイヌ人女性の帽子の模様である。

アイヌ人は縄文人の流れを汲んでいる。彼らの現代の民族衣装の模様の由来もまた蛇文である。

日本列島への縄文人の渡来のルートとしては以下の三つが挙げられている。北海道ルート、対馬ルート、沖縄ルートである。

『読売新聞』二〇二〇年四月九日夕刊に「台湾からの渡来　実験の全容刊行」という題の記事が掲載された。最近、講談社から刊行された『サピエンス日本上陸　3万年前の大航海』という書の内

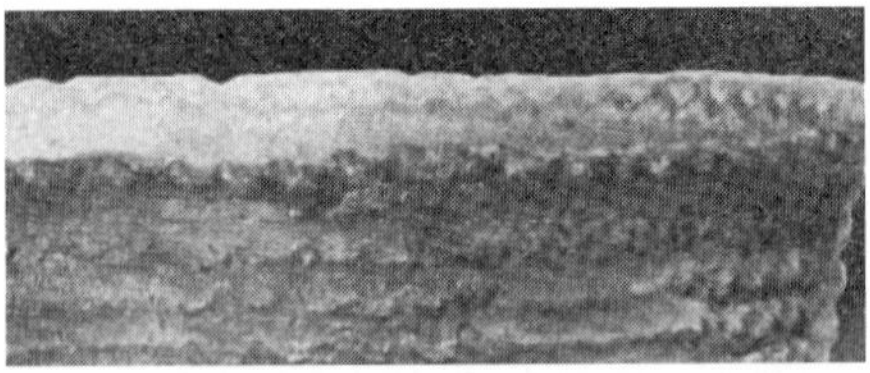
「縄文」という名称のきっかけとなった青森県出土の最初期の土器だが、口縁部は蛇の鱗に由来する鋸歯紋である。

埼玉県出土の前器土器。口縁部下部のうねり模様は縄文とはみなしづらい。

アイヌの民族衣装の蛇文模様

群馬県出土の中期土器。蛇文が強調されていく。

アイヌ女性の帽子も蛇模様である。

長野県出土の中期土器。やはり蛇文が強調される。

容紹介であった。この本は二〇一九年七月八、九の両日、国立科学博物館チームが、台湾から琉球列島南端の与那国島への丸木舟渡航を実験して成功した記録をまとめたものである。

　右の三つのルートは同紙が掲載する日本列島へのホモサピエンス渡来のルートである。

　このルートのうち、アイヌ民族は北海道ルートで渡来した縄文人であることに疑問はない。

　もう一つ、私が重視するルートは沖縄ルートである。中国大陸から台湾へ渡り、琉球列島の最西端与那国島へ渡り、島伝いに日本へ渡るルートである。

　私はこのルートの要衝、与那国島西端と中国福建省厦門《アモイ》の東海岸の、二か所の岸壁に立って対岸を望んだことがある。いずれの場所からも台湾が見えた。航海術の発展していない当時、小舟で大海に乗り出すときに、たとえぼんやりとでも、対岸が望めるかどうかは、全員の死生に関わる重大事である。

台湾の山地や海岸地帯には中国人以外の先住民が住んでいる。彼らは自分たちこそ台湾本来の居住者であるという自負を籠めて、「原住民」という呼称を好んで使用している。現在、台湾政府によって原住民は十六種族が認定され、総人口は二〇一〇年の調査で約五十万人に達している。台湾総人口の約二パーセントを占める。そのほとんどすべてが、山中、海岸、島などの僻地に住んでいる。次頁の図に示す通りである。

台湾原住民は、台湾で南から北上してきた人たちと、北から南下した人たちとが混在する複雑な人種構成を持っている。

この種族のなかで、ルカイ、パイワンなどのように、住居の入口に蛇の造り物をかかげ、明確な蛇に対する信仰を持っている人たちがいる。蛇信仰だけではない。女神信仰、太陽信仰、樹木信仰、稲作、住宅様式、入れ墨などなど、西南・東南アジアに広がる越人《えつじん》、倭人《わじん》と共通の文化を伝えている。越人、倭人はそののち日本にも渡ってきており、日本人と台湾原住民の古代文化は密接に繋がっていた。

左の写真上は彼らのうち身分の高い頭目だけが家の前に飾ることを許される蛇模様の壺であり、その下はいまも彼らが造る土製の壺である。いずれも現地調査で、私が撮影した写真である。前掲の縄文土器の模様と比べてほしい。

台湾原住民の神話によって、太陽、蛇、壺の三者の本質がよく分かる。三者のなかでもっとも力のある高貴の存在、万物の生成者は太陽である。蛇と壺は天なる太陽の創作物であった。蛇は太陽

台湾原住民の身分の高い頭目が飾ることを許された蛇模様の壺

台湾原住民が今も造る土製の壺。145頁の縄文土器と比較したい。

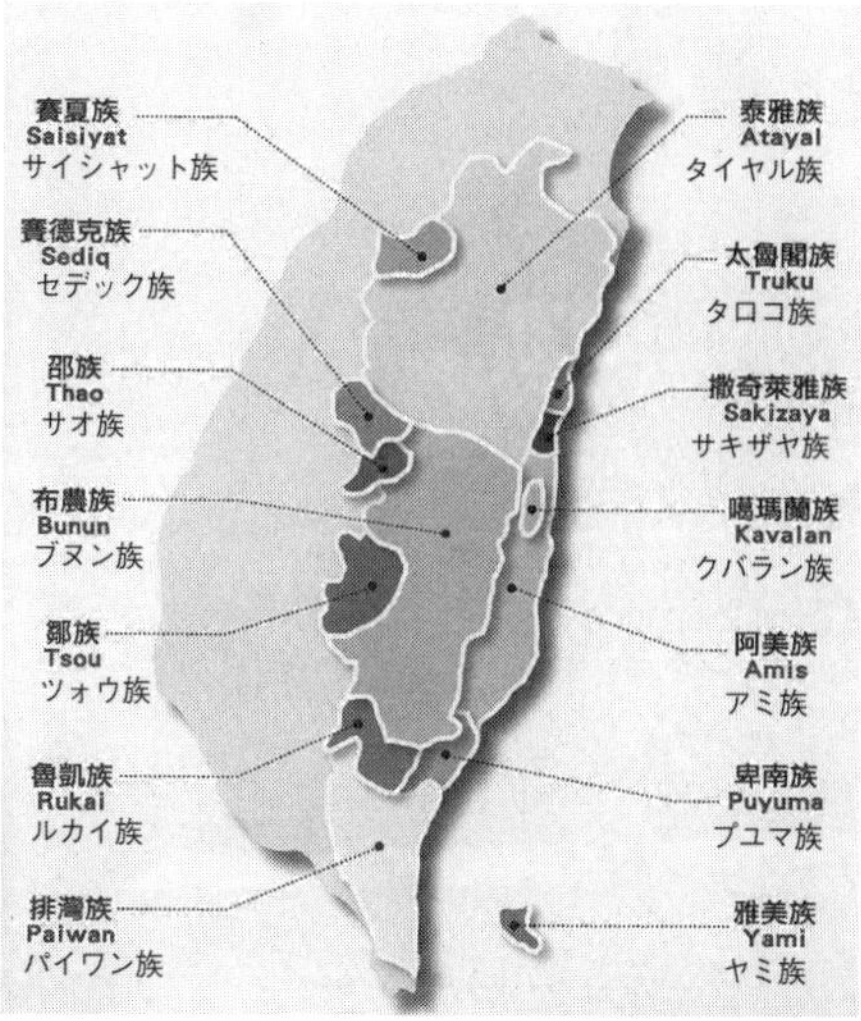

台湾の原住民分布図

の産物で、あらゆる動物のなかでもっとも高位を占めている。そして、壺ももともとは人間の制作物ではなく、超越的な天の太陽の産物であり、太陽と結合して民族の祖先を産む力を秘めていた。大地母神の母胎であり、卵でもあった。

　彼らが伝える神話のなかに日本人が登場してくる。それらの神話に登場する日本人は、ほとんどが、彼らと別れて、北進、東進していった。本土日本へ渡ったのである。

『読売新聞』二〇一八年七月二十二日朝刊の「縄文人ラオスに祖先？」では、愛知県の伊《い》川津《かわづ》貝塚から発掘された約二千五百年前の縄文人は、東南アジアの狩猟採集民族にルーツを持つ可能性があることが分かったと、金沢大などの国際研究チームが発表した。縄文人の人骨から全遺伝情報（ゲノム）を初めて解析し、あきらかになったという。

　論文が二〇一八年七月六日付の米科学誌『サイエンス』に掲載された。研究チームは縄文人の遺骨のほか、ラオスやマレーシアなどの遺跡で発掘された約八千年〜二千年前の人骨二十五人分のゲノムを解析。縄文人と比べると、ラオスの遺跡（約八千年前）から発掘された狩猟採集民族やマレーシアの遺跡（約四千年前）から見つかった人骨のゲノムとよく似ていたという。私が主張する、

○日本の縄文人の渡来には北方から北海道へと、南方から朝鮮経由、琉球経由の三つのルートがあった。

○南方から日本列島への渡来人のルートとして重視すべきは中国四川省成都から雲南・ミャンマーを経てインドに入る西南シルクロードである。

○日本の縄文・弥生文化の担い手となった倭人の主要渡来ルートは、中国大陸↓台湾↓八重山諸島である。

などの考えに強固な証拠が提出されたことになる。もう一つ、今回の金沢大学の発表で、縄文と弥生の区別は人種などの絶対的違いではなく、ことに南方ルートの縄文人と弥生人は、同じ倭人の狩猟採集と稲作の、文化段階の違いを示すということが、はっきり分かった。

さらに、『読売新聞』二〇一九年七月二十八日朝刊は北海道礼文島の縄文時代後期（約三千八百年前〜三千五百年前）船泊遺跡の女性のＤＮＡのゲノム情報が現代日本人と共通し、大陸の漢民族より、沿岸の韓国人や台湾原住民とわずかながら近かったと報じている。

蛇と太陽に対する信仰は地球規模に広がるが、ことに東南アジア、東アジアにかけて顕著である。

太陽は万物の生命の源泉として、蛇は人間の生命を支える水の神として、信仰されてきたのである。日本の南方系縄文人、弥生人はこの蛇と太陽の信仰を持って、主として、中国大陸から朝鮮経由で九州へと、台湾を経由して八重山諸島へと、渡ってきた人たちであった。そのために台湾原住民が現在も保持している蛇と太陽の信仰は、文献的にも資料的にも大きな限界を抱えてその解明が十分ではない日本の縄文文化、弥生文化、そして天皇家の歴史を考察するこのうえない参考資料となるのである。

4　三種の神器の誕生

三種の神器は「歴代の天皇が皇位のしるしとして受け継いだという三つの宝物。八咫鏡《やたのかがみ》・天叢雲剣《あまのむらくものつるぎ》（草薙剣《くさなぎのつるぎ》）・八尺瓊勾玉《やさかにのまがたま》。」（小学館『大辞泉』）と説明される。

三種の神器について、『古事記』ではアマテラス（が天孫降臨の際に、ニニギに「八尺勾璁《やさかにのまがたま》、鏡、また草薙剣《くさなぎのつるぎ》」を神代《かみしろ》として授けたと記され、『日本書紀』には第一の一書に「天照大神、乃《すなわ》ち天津《あまつ》彦彦火瓊瓊杵尊《ひこひこほのににぎのみこと》に、八尺瓊の曲玉及び八咫鏡・草薙剣、三種（の宝物）を賜う」とある。

古代、軍事は相手の信仰する神を制御することでもあった。しかし、神の制御には神の宿る神宝を管理する必要があった。大国主は崇神王朝に先んじて、三輪を中心に大和で信仰されていた神であった。後続の崇神王朝にとって、軍事で大和を制圧することと並んで、大国主の制御が緊急の課題であった。

崇神王朝は太陽女神アマテラスを祭祀することによって三輪を含む大和を制圧し、大国主を出雲に移して祭祀することによって、大和の国外も制圧することに成功した。

しかし、出雲に移された大国主の祟りは止まず、再度、三輪に奉戴して、国内、国外の安定を図った。

その際にアマテラスの従属神であったスサノオに出雲の蛇神を退治させ（八岐大蛇退治の神話）、出雲の神宝の蛇の勾玉と武器の剣の神宝を奪い、そのうちの剣を伊勢の鏡と蛇の勾玉の神宝に加えて、崇神王朝、大和政権の三種の神器としてのちに伝えた。

この神宝事件は『日本書紀』に別種の記載がある。崇神天皇六十年、天皇は、武日照命《たけひなてるのみこと》（一説に武夷鳥《たけひなとり》、天夷鳥《あめひなとり》）が天から持ってき、出雲大神宮に収められている神宝を見たいと仰せられて使いを派遣された。

このとき、神宝を管理していた出雲振根《ふるね》は筑紫国に出かけていたので、その弟の飯入根《いいいりね》は天皇の命令に従って神宝を献上した。帰国した出雲振根は弟の行為を怒り、弟をだまし討ちにして殺した。

これを知った天皇は軍を派遣して出雲振根を誅殺した。この事件の後、出雲ではしばらく出雲大神を祀らなかった。祭祀の復活は出雲大神みずからのお告げがあったのちであった。

いずれにしても神宝奪取事件は神宝の管理が神の管理に必要であった当時の信仰を示している。神を管理して祭祀を行なうだけでは完結しなかったのである。

崇神王朝は鏡（アマテラス）と勾玉（大物主）をすでに神器としていたが、剣は出雲制圧ののちに神器に加えることができた。スサノオの八岐大蛇退治と剣獲得の神話は出雲の蛇神退治による制圧の象徴であり、大和政権確立の史実の反映でもあった。この事実は考古学の遺跡からの出土品によっても証明できる。

邪馬台国所在地論争は江戸時代に遡る。儒学者・新井白石は音の類似性から大和国（奈良県）や筑後国（福岡県）の山門《やまと》を候補に挙げた。明治時代には共に東洋史学者であった内藤湖南が畿内説、白鳥庫吉《くらきち》が九州説を唱えて論争に発展した。九州にあった邪馬台国が畿内に移ったとする「東遷説」も提起された（「I 1 邪馬台国・卑弥呼」）。

畿内説のよりどころが纒向《まきむく》遺跡である。東西二キロ、南北一・五キロの大集落で、三世紀初めに突如出現した。九州から関東までの土器が見つかり、日本最初の「都市」とされる。二〇〇九年に三世紀前半〜中頃の大型建物跡群が出土し、東西に方位をそろえ、規模も当時最大であった。邪馬台国の時代と合い、「卑弥呼の宮殿」説もある。すでにのべたところである（「I 邪馬台国・卑弥呼とオナリ神信仰」）。

この邪馬台国纒向遺跡説を、さらに補強する遺品がこの地から出土している。

次頁の写真の右一枚目は三輪山の麓からと出雲大社境内から、それぞれ出土した玉飾で、勾玉は湾曲し、頭部に穴のあるものである。写真左側は三輪、右側は出雲である（古代歴史文化協議会編『玉―古代を彩る至宝―』ハーベスト出版）。

桜井市纒向遺跡

纒向は邪馬台国畿内説最有力遺跡

出雲出土品は蛇の勾玉が大きく、太陽の円形は数は多いが小さい。蛇神の力が強く太陽神はひ弱であったことを象徴する。

対する三輪は勾玉は小さくひ弱であり、円形の太陽神は大きく巨大である。つまり、この出土品が制作されたころ、太陽神を奉じる大和三輪王朝の統治がすでに力を持って、この地方を支配していたことの象徴で

侗族の道切に飾られた太陽を表わす銅鏡

苗族の集落入口の門に飾られた、太陽を挟む二匹の竜（前掲）

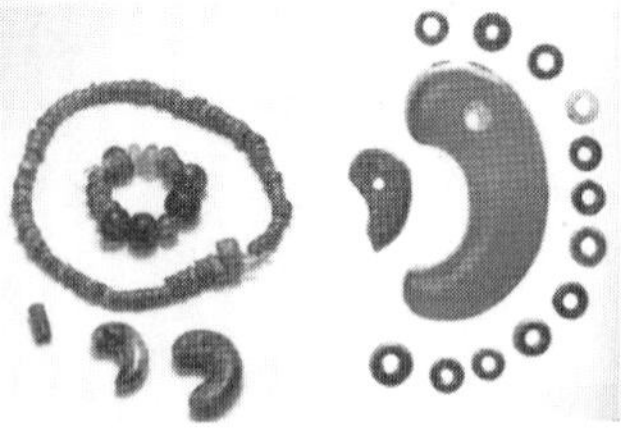

蛇の勾玉。三輪と出雲から出土。始め、三輪と出雲が蛇神の支配下にあった象徴

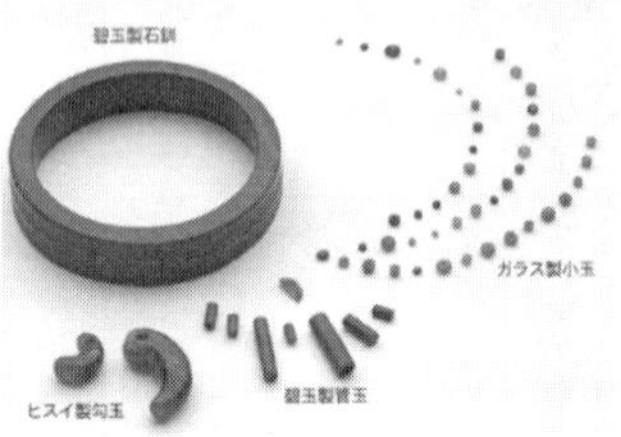

奈良県桜井茶臼山古墳出土の円（釧状、鏡からの変化）と勾玉。巨大な円は太陽を象徴（上下とも『玉』ハーベスト出版、2018より）

台湾サオ族の木板。曲形は月ではなく蛇ではないか。

ある。

次（右頁の中段右）は三輪に近接する奈良県桜井市茶臼山古墳出土の鏡（釧《くしろ》〔腕輪〕状、鏡から の変化）と勾玉である（『玉―古代を彩る至宝―』）。この写真では、円形の太陽が勾玉の蛇を圧倒して巨大である。三輪が大和の支配下に入った象徴である。

円形の金属鏡が太陽を表わす例は、中国南部の少数民族にもみられる。前頁左上の写真は中国貴州省黎平県侗《トン》族の道切（道の守護、日本の道祖神にあたる）に飾られた銅鏡で太陽を表わす。その下は、前にも触れたが、同じ貴州省苗《ミャオ》族集落入口である。門に蛇から進化した二匹の竜と中心に太陽が飾られている。

台湾の原住民社会でも円形は太陽を表わす。前頁右下の写真はサオ（邵）族が阿里山から日月潭に移住したときに先祖が帯同したという木板。円形は太陽、曲形は月を表わすというが曲形は蛇であろう。民族の重要な祭礼には祭壇に必ず飾る（『台湾先住民脚印』）。

最高神太陽に対する信仰は浸透していて、台湾原住民種族の貴族（大頭目など高位の人々）だけは、太陽を象徴する模様を身に着けることができる。次頁の右の写真は、太陽の図形の冠を被ったパイワン（排湾）族大頭目（『排湾族神話与伝説』より）。

円形の太陽の周辺に光線を表現する複雑な模様がある。次頁左上は上から見下ろしたツォウ（鄒）族大頭目の被り物（『台湾原住民　人族的文化旅程』）。

左下の写真は日本の御所人形である。頭上の飾りに注目していただきたい。

御所人形は通常次のように説明されている。

台湾パイワン族の大頭目は太陽の模様を身に着けることができる。

台湾ツォウ族大頭目の被り物

日本の御所人形。円形の周辺に太陽光の矢印を付けた模様は台湾先住民頭目の頭上飾りと一致する。

江戸時代中期から京都で作られた童形の人形。木彫の母型の上に胡粉を厚く塗り重ねて作る。裸のものが多いが着物を着せたものもある。「御所人形」の名称は、初め、御所に贈物をした諸大名への返礼としてこの人形を下賜したことによるといわれる。江戸時代末期になって一般にも普及。京都では「大内人形」とも呼び、大坂今橋の伊豆蔵喜兵衛が一般に販売し、西国地方に送ったところから「伊豆蔵人形」の名で呼ぶ地方も多い。ほかに「三つ割人形」「白肉人形」「頭大《ずだい》」その他の名称がある。

ひな人形の女びなの頭の飾りは、この御所人形に倣って同じ図形の飾りを額に着帯する。

この円形の周辺に太陽光の矢印を付け

上海の民間の祭りで祭壇の前で巫師（上）が太極図（下）を描く。

中国成都（上）と台湾の道観（下）に描かれた太極図。三種の神器の勾玉に繋がる。

た模様は、あきらかに台湾原住民頭目の頭上の飾りに一致している。注目されるのは日本の歴代皇后が、儀式、祭式の際に頭上に付ける冠と同様の模様であることである。御所人形の名の由来はこの模様に由来している。

　また勾玉が蛇を表わす例も中国大陸に広まっている。

　上の図は中国成都と台湾栗林県の道観（道教寺院）の境内に描かれた太極図である。三種の神器の勾玉は、この太極図に繋がる。

　太極は中国の古典の『易経』や『漢書』に、万物を生成する根本のエネルギーと記述され、太極図は太極を図像化したものである。中国の民俗祭祀では、主宰する巫師《ふし》の衣装、祭壇、天井、広場などにきまってこの模様を見ることができる。上左の写真は中国上海南通県の民間の祭りで、初めに太極図を祭壇のまえに描く巫と、彼によってみごとに描かれた太極図である。

　太極図の成立について、二匹の蛇が互いに相手の

いずれも漢代の墓室壁画に描かれた伏羲女媧図。二匹の蛇がからみ、鏡は太陽を示すか。

尾を嚙んでいるウロボロス図に求める説が有力である（中野美代子『中国の妖怪』）。

蛇の信仰はほとんど地球規模で広がっており、中国では、殷周時代の青銅器にすでに二匹の蛇が互いに相手の尾を嚙んでいるウロボロスの図や、二匹の蛇が頭部を中心に丸く輪になって絡みあう模様が現われており、漢代になって出現する太極図の前身が絡みあう二匹の蛇にあるという推定は動かないものがある。蛇、さらにそこから展開した竜は、中国人にとっては、祖先神であり、天地、生命、陰陽、豊穣などの象徴の体系となっていた。

上の写真は二匹の蛇がからむ、紀元前後の漢代の墓室の壁画に描かれた画像石の伏羲《ふっき》女媧《じょか》図《ず》である。いうまでもなく、伏羲女媧は漢民族の祖先神である。手に円形の鏡を持つことに注意したい。女媧の手にする円形は月とする中国研究者の説もあるが、伏羲が太陽を手にすることに異論はない。太陽と蛇の最も早い組み合わせの例がここにある。

太極旗ともよばれる韓国の現代の国旗もまた源流は蛇の紋に由来するのである。

古代、軍事は信仰の戦いでもあった。崇神天皇は大和国外の四道に軍を派遣するとともに、国外信仰の最大拠点であった出雲大社の管理にのりだした。その象徴がこの天皇の御代におこった神宝事件であった。神宝の管理は神の管理であった。

父崇神のあとをうけ、大和国外の制覇を完成した子の垂仁天皇の時代に出雲大社の管理統制が完成し、伊勢神宮が創設された。出雲大社は国外勢力の代表としての役割をはたしていた。そのときに出雲を舞台として、高天原つまり大和の地上統治として語られる出雲神話の国ゆずりあるいは国づくりの物語は、じつは大和とその周辺での事件の記憶を核に構想されたものと読みとることができる。すでに統一された大和に出雲を比定することによって出雲の統一が実現できたという思考法である。

くりかえし、オオクニヌシとスサノオが登場してくることは大和の先住神統御とその力を利用して国外の神をも統御したことを示している。

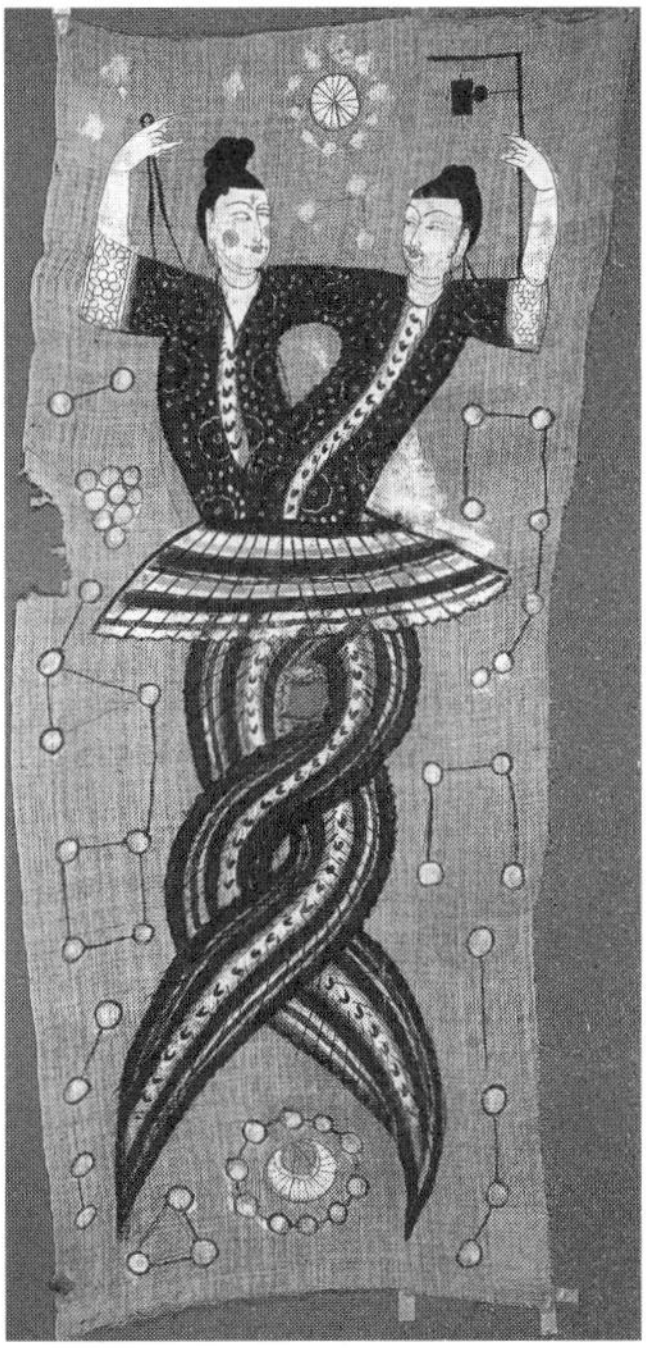
伏羲女媧図絹絵（敦煌蔵経洞出土）

太極旗も蛇紋に由来

IX　日本国永続の理由

1　天皇が分かれば日本が分かる

天皇は、日本国憲法第一条に「日本国の象徴であり日本国民統合の象徴であって、この地位は、主権の存する日本国民の総意に基く」と定められている。

「象徴」は、眼に見えないものを眼に見えるようにすることである。私流にことばを換えれば、日本人と日本国家の本質を天皇がご一身に体現されているということになる。時間と空間の広がりがあって、全体像をとらえきれない日本人と日本国家が、天皇を見つめれば理解できる。この節のタイトルを「天皇が分かれば日本が分かる」とした理由である。

天皇については、自由に論じることができない時代が長くつづいた。明治二十二年（一八八九）に発布された戦前の大日本帝国憲法の時代である。第二次世界大戦が終わって新しい日本国憲法が施行され、言論の自由は拡大したが、しかし、天皇について何をいってもよいということではない。おのずから節度の求められることはいうまでもない。

しかし、日本人と日本国家について考えようとするとき、天皇ぬきに論を組みたてることは不可能である。

昭和初年代、日本が帝国主義の道を邁進していたころ、民俗学の樹立をはかっていた柳田国男は、その研究の対象を国内に限り、一国民俗学を提唱し、海外調査、海外との比較という方法を弟子たちにもきびしく禁じた。その理由を柳田は、世界民俗学に向かうには材料がそろっておらず時期尚早であると説明していたが（「郷土生活の研究法」）、事実は、天皇家の由来にふれることを恐れたためであった。

そのことによって、柳田は、漂泊民、非稲作民、被差別民などの重要問題にふれることもできなくなり、日本と日本人の解明を目的としながら、大きな欠落をその学問に抱えこむことになったのである。

有史以前から、日本列島には多様な海外文化が流れつき、変容しながらも定着していった。海外との比較という視点なしに日本をあきらかにすることはできない。

天皇はいつ誕生したのか。

天皇の誕生の時代は、議論があるが、天皇をアマテラスの後裔とする神話が確立したときをもって、天皇の誕生とする見解が有力である。遅くともアマテラス神話を体系化した『古事記』（七一二年）や『日本書紀』（七二〇年）成立の八世紀までには天皇は誕生していた。

日本では推古天皇十六（六〇八）年に隋の皇帝に送った国書にある「東天皇」が天皇という名称の早い例。現在では、天皇という名称の誕生は、七世紀末の持統・天武両朝とみる説が有力である（『日本史辞典』角川書店、『日本歴史大事典』小学館）。

天皇という用語の確立期はともかくとして、私は日本国家の成立はそれより遡る崇神天皇の時代と考えている。その理由については、前章の「1　天皇と日本国の誕生」ですでに説明した。その時期は、箸墓古墳の築造者であることをも考慮して三世紀後半乃至四世紀前半と考えている。

2　天皇制永続論

なぜ日本の天皇が永続したのか、という問いは、天皇制について考察する学問、政治学、歴史学、神話学、民俗学などがひとしく関心を示してきた問題であった。それだけに、これまでいくつかの解答が出されてきている。現在の研究状況を確認するために過去に提出された主要な解答を整理してみよう。

A　虚政＝君臨すれども統治せず

次のような見解である。

日本の歴史における天皇は、祭祀機能を固有のものとしてのこしながら、他方において実際には、権力そのものの運営や行使には関係せず、政治決定は下部の統治機関にまかせて、原則としては、統治せざる君臨者として、国家の頂点にあるかのような役割をはたしてきた。それは、日本の天皇が、「君臨すれども統治せず」の方式をつらぬいてきたからであった。べつのことばをもってすれば実政を行なわず、実際の政治決定は、その下部機関にゆだねる虚政にほかならなかったということである。天皇は、国家の頂点にあったままで、その実権は、ときには皇太子の執政にうつっていたり、太政官のそれにあったり、藤原氏の摂関時代や鎌倉幕府、江戸幕府のばあいなどは、実際の政治権力は天皇家以外のほかの家系のものににぎられていた。

この考えは、フランスの文芸評論家ロラン・バルトの『表徴の帝国』の「空虚の中心」などにはじまって、細部の論の立て方は異なっても、天皇家の特質を論じる研究者の多くが採用している説である。右の紹介は、中村哲『宇宙神話と君主権力の起源』の「第五章　君主虚政と農耕祭祀」にもとづいている。

一九八二年に発表されて、画期的な日本文化論として評判をよんだ心理学者河合隼雄の『中空構造日本の深層』で展開されている天皇論も、また、このAに含めて考えることができる。「キリスト教神話では、中心に存在する唯一者の権威、あるいは力によってすべてが統合される構造を持っている。統合によらず均衡に頼る日本のモデルでは、中心は必ずしも力を持つことを要せず、うまく中心的な位置を占めることによって、全体のバランスを保つのである。このような西洋と日本のモデルの差は、両者の比較において、日本人の心性のみでなく、政治、宗教、社会などの状態を考える上で適切な示唆を与えてくれる」。

このような根本則のうえに、天皇制の特質についておおよそ次のようにのべている。

中空構造は中心への侵入を許しやすいのが欠点であると述べた。この欠点をカバーする方法のひとつとして、中心となるものは存在するが、それはまったく力を持たないというシステムが考えられる。つまり、中心、あるいは第一人者は空性の体現者として存在し、無用な侵入者に対しては、周囲の者がその中心を擁して戦うのである。このとき、その中心は極めて強力なように見えるが、それ自身は力を持たないところが特徴である。日本の天皇制をこのような存在として見ると、その在り方を、日本人の心性と結びつけてよく理解することができるように思う。歴史をふりかえってみると、天皇は第一人者ではあるが、権力者ではない、という不思議な在り様が、日本全体の平和の維持にうまく作用してきていることが認められるのである。天皇は中心に存在するものとして権力者であるように錯覚されたり、権力者であるべきだと考えられたりしたこともあるが、それは多くの場合、日本の平和を乱すか、乱れた平和を回復するための止むを得ざる措置としてとられたことが多い。

河合氏は心理学者であるが、中空構造論は文化人類学的方法を中心にすえて、政治学的考察を組みあわせたすぐれた論である。しかし、私が前著『日本王権神話と中国南方神話』及び本書であきらかにしようとしていることは、なぜこのような虚政、中空構造が日本の王権の基本構造として形成されたのかという疑問である。在り方を提示するだけではなく、その理由を考えようとしているのである。さらに代表的な見方の紹介を続ける。

B　呪術的・神話的特性

天皇制永続の原理を、日本の古代社会の基層にあった呪術性や神話的信仰の支えに求める見解である。前者よりもさらに文化人類学や民俗学に接近している。

代表的な説を次に引用する。

古代日本の人々（厳密には貴族などの支配層）にとって、天皇の〈天〉とは、天つ神の住む天上界としてのアメであり、八世紀の宣命で、天皇が〈天つ神の御子〉といいかえられるように、それは、天孫降臨神話を背景としていた。

律令国家の建設が進んだ天武朝に新たに生まれたのは、天皇が単なる神の子孫ではなく、生きながらにして神そのもの＝現御神（あきつみかみ、明御神）であるとする天皇即神の思想である。〈皇《おおきみ》は神にしませば〉（『万葉集』巻三―二三五など）と歌った柿本人麻呂は、天武天皇やその皇子たちを、降臨した天孫そのものとして表現したが（同巻二―一六七～一六九など）、これは、大和政権時代における王族や豪族たちの重層的で多元的な支配・従属関係が、中央官制と地方の国郡制の整備により官僚制的に一元化され、天皇がその頂点に位置づけられたことに対応している。このことは、神との関係でいえば、地方豪族によりになわれていた全国の神々の祭祀権が、天皇とその祭祀執行機関である中央の神祇官に集約され、国家的祭祀の態勢が整ったことを背景とする時代思潮でもあった。

天皇とそれに繋がる人々を、高天原から天降った神々の子孫とする神話を流布・定着させることによって、天皇家の永続を保証しようとしたという説であって、大隅清陽「君臣秩序と儀礼」からの引用である。

以下のような主張も、またおなじ考えの現われとみることができる。斎川眞『天皇がわかれば日本がわかる』からの引用である。

日本の国柄の本質は、部族制（tribal system, tribalism）である。日本という国は、ある部族が、他の部族を従えて大きくなった拡大部族制（extend tribal state）の国なのである。だから、中核にあるのは、部族（tribe）なのである。

しかし、それを中華帝国のような国家体制にしたいというわけで、律令体制を作り上げたのである。

天皇を長とする律令体制という、この政治のあり方――手っとり早くいうと、国王としての天皇――を支える政治思想が、血統による世襲制の思想である。前述したとおり、マックス・ウェーバーという、ドイツの大学者は、こういう支配のことを、世襲カリスマ型支配と呼んだ（『支配の社会学』）。

天皇が日本の支配者（統治者）であり、この地位は、天皇家の血統に属す者が世襲するという思想は、高天原の神の命令・委任（神勅）に正当性の根拠がある。

このような考えをさらにつよめると、天皇家の不可侵性が、天皇に刃向かえば祟られるという呪術の魔力によって守られてきたという極論にまでゆきつくことになる。梅澤恵美子氏『天皇家はなぜ続いたのか』が展開している論理である。この書の入り組んだ説の当否はおいておき、考え方の傾向の見本として次に紹介する。

七世紀以前の古代天皇政権成立の過程で、「トヨ」の字を名乗りにもつ多くの女性（抹殺された被征服民の象徴、水・火・稲などの呪力の体現者でもある）が犠牲になってきた、その祟りをおそれた天皇政権は、鎮魂のために、その子とみなされる神武を、熊襲（隼人）の地からむかえて初代天皇に仮構した。このように説きすすめ、その祟りの呪力を天皇政権が、逆に取りこんで、天皇家にさからえば、祟られるという信仰を生みだした、というのが、本書の主張である。

以上、A・B二つは、多少にかかわらず、天皇の宗教的性格にその永続の秘密を探ろうという考えである。

これに対し、天皇の政治的性格そのものに永続の秘密を探ろうとする考えが、次のCである。

C　宗教性と政治性の交替

天皇に宗教的力を求めることができるのは、奈良時代ぐらいまでであって、平安時代以降、天皇は宗教性をうしなうか、希薄化させていったが、それでも天皇が持続することができたのは、時の権力と天皇の権威とのあいだに複雑な力学がはたらいた結果であったという主張である。実証的な学風の歴史学者や政治学者に多い見方で、A・Bの両説がいわば一元的に天皇の永続を説明しようとしているのに対し、宗教性と政治性の両者を折衷した見方ともいえる。

代表的な見解を次に紹介する。

平安時代に入ると、天皇の宗教的な力、あるいは氏姓制を支えた神話的イデオロギーがうしなわれていき、かわって礼が導入され天皇制の唐風化が進む。朝賀も節会も中国的儀礼を導入して整備される。天皇の宗教的な力は、元日節会での被《ふすま》の支給としてのこされるだけで、おそらく五位以上官人全員を人格的に支配することはなくなり、官僚制は、天皇の力と関係なく自律的に機能するようになる。そして天皇は子どもでもよくなるのである。

歴史学者の大津透が、「『日本』の成立と天皇の役割」でのべている説である。この説は氏の著書である『古代の天皇制』のなかの「摂関政治における天皇」という章の論旨のわかりやすい解説になっている。後者で氏は次のようにのべていた。

幼帝の登場については、本書でのべてきたような天皇中心の神話的秩序、あるいは氏による天皇への奉仕と、即位式や朝賀における即位の承認などの相互的確認がなくなっていき、天皇位が制度化され、譲位ののち即時に剣璽渡御による皇位の継承がなされ、さらに天皇の人格的支配に依存することなく官僚制が運用されるようになったことが、その前提であろう。逆説的だが、律令制の展開が、天皇の存在を小さくしていったのである。天皇に一定の宗教的力などが求められなくなり、前帝が定めた皇太子が年齢にかかわらず即位することとなり、子どもでもよくなったということだろう。

大津氏は、ここでは平安時代を主として論じている。おなじ歴史学者の今谷明は、室町時代の天皇について、より明確な口調で、宗教的な権威をうしなった天皇が周囲の思惑のなかで政治的な権威として復活してゆく様子を、「これからの天皇制研究」(『天皇家はなぜ続いたか』)で次のようにのべている。

十五世紀以降の現実の天皇の権威に宗教性はない。だからこそ、大嘗祭を挙行しない天皇が連綿として続き、しかも天皇としての権威を全うし得たのである。祭祀王が存在価値ならば、どうして大嘗祭未遂天皇の存在が許されようか。大嘗会だけではない。伊勢神宮の造営も十五世紀に入って廃絶し、宮中の節会儀礼も殆んど実施不能に陥っている。そのような満身創痍の天皇にも、宿老の目から見れば利用価値はあるのである。その最たるものが治罰の綸旨であり、栄典としての官位の任免であった。

このような今谷氏の説は、じつは、同氏の「これからの天皇制研究」のなかでもっとラジカルに主張されていた。

ここで繰り返し強調しておきたいことは、義満が奪った祭祀権だけは、本格的に復活することはなく、その後の天皇の権威復活の上で、ほとんど大きな役割を果たしていないことである。このことは、王朝祭祀儀礼が大半廃絶した応仁の乱―戦国期に、かえって天皇の権威が復活上昇している事実から裏付けられる。民俗学者・文化人類学者、一部の歴史家から唱えられる〈司祭王としての存続〉〈祭祀王権としての復活〉説は、まったく事実に合致しない一種の〝共同幻想〟というほかない見解である。わが国中世の祭祀儀礼は、相当の経済力の裏付けを必要とし、天皇家が経済力を失った段階で、自動的に消滅せざるを得ない構造になっているのである。

室町幕府三代将軍足利義満が、武家の身で、官僚、公家、寺社勢力をあやつり、祭祀権、叙任権などの諸権力を我が物として、明国への使節派遣では「日本国王源道義」と記されたが、その死によって皇位簒奪計画が挫折した事実に基づいた右の発言である。

室町時代に天皇制の大きな転機を認める説は、歴史学者の網野善彦にもある。『異形の王権』や上野千鶴子・宮田登両氏との共著『日本王権論』などで展開している論である。後醍醐天皇を中心とした天皇制のルネッサンスは結局失敗したが、そのためにかえって天皇制はそののちも生きのびることができたという逆説的な論理である。上野・宮田両氏とのやりとりのなかで網野氏の考えも整理された『日本王権論』から引用する。

上野　失敗したからこそ逆に生き延びることができたということに関して、ここで一つ問いを立ててみたいんです。これは網野さんに答えていただきたいと思うんですが、もし、この後醍醐の天皇制ルネッサンスが成功していたら、いったい、どうなっただろうか、という荒唐無稽な仮定です。もし、これが成功していたら、もしかしたら、天皇制はその後に完全に壊滅していたのではなかろうかという気がします。たとえば後醍醐のようなカリスマ的な王が、一代王として絶対王権を完成していたら、後醍醐の死とともにその直後に天皇制という王権自体が壊滅してしまって、もしかしたら——王権そのものがなくなるとは、私は思いませんから——様々な王権、様々な王朝が、ちょうど中国のように、王朝が交代する形で現われて、後醍醐までは大和朝だったのが、次に室町朝が現われ、次に短期政権の織田朝・豊臣朝が現われ、最後に徳川朝が現われる、というふうな形になったかもしれないですね。

この上野氏やそれをうけた宮田氏の挑発的な発言につづけて、網野氏は次のようにのべている。

網野　歴史家は、それはしてはいけないというんですけれどね。ただ、今のお話に乗っていえば、おそらく、後醍醐の政治が成功して、二、三十年持続した上で、これがつぶれたとすれば、天皇制は確実に崩壊し、消えただろうということは、まったく同感ですね。

以上の三つがこれまでに提出されている、天皇制の永続に対する主要な学説である。引用した研究者のことばは、比較的先鋭に論旨が展開されている個所をえらんだもので、その研究者が、その学説だけを信奉して、他をかえりみないというのではない。

なお、スキタイ系の大陸騎馬民族が日本に渡来して征服王朝を形成したという、騎馬民族渡来説で有名な故江上波夫に、日本の天皇家の「万世一系思想」の由来を、大陸騎馬民族に求める考えがある。本書の叙述を進めるまえに、江上氏の学説を、『騎馬民族国家　改版』から補足として次に紹介し、それに対する私の考えをのべておく。

大陸騎馬民族国家でも、君主制の継承者は、その国家の男系の子孫にかぎるという大原則があり、その自然な結果として、大陸の騎馬民族国家では、王朝はほとんどすべて一系であり、国家の存続と王朝の存続とが終始しており、中国におけるような禅譲放伐による王朝の交替はないということである。日本皇室のいわゆる万世一系は、まさに大陸騎馬民族国家のそれであって、中国・エジプトなどの農耕民族国家には、このような王朝のあり方はたえて見ない。

江上氏の騎馬民族論には、賛否両論がある。

前著『日本王権神話と中国南方神話』で、私は、騎馬民族論に反対する立場を表明した。その根拠をもう一度整理すると以下のようになる。

1 日本の王権は中国南方の、太陽・女神・稲魂の三位一体の大地の信仰に基礎を置いたもので、中国北方の星辰・男神・雑穀・遊牧などに基づく天の信仰とは異質である。

2 のちに日本の王権は中心に南方原理を据え、外郭を北方原理で固めることによって国家体制を整えていったが、その際にも、中心の南方原理が北方原理に取って替わられることはなかった。

3 騎馬民族はすぐれて北方原理に従っている。その影響は確実に朝鮮半島にまで及んでいたが、日本列島の王権には影響を与えていない。

天皇論として考えたときに、騎馬民族論は、万世一系思想の由来についての有力説とはいえる。しかし、よりたいせつな視点は、日本の場合、万世一系思想に基づいて、長期間、天皇制が維持されたのに対し、スキタイ系諸民族の場合、万世一系思想にも〈かかわらず〉、諸王朝は永続せずに交替をくりかえしていた。そこには、中国大陸北方諸民族で王朝は交替したのに、なぜ日本では永続したのかという根本的な問いが依然としてのこるのである。

3　天皇制を支えた中心と周辺――聖・俗・賤

中空、虚政、呪術性、神話的特性と、ことばはちがっても、内容には共通性がある。王権の中枢に位置する天皇家は、祭祀や信仰をになう主体であって、実際の政治の権限は、周辺の政治・官僚機構がになっていたという事実である。

東京都、つまり日本の中心部に皇居という巨大でうつろな祝祭空間がよこたわり、実際の俗事は、その周辺の永田町、霞ヶ関、桜田門、丸の内、日本橋などが担当、執行しているという現代日本の空間構造がまさに日本の王権のあり方のみごとな象徴となっている。

日本の天皇制が中空構造のゆえに永続することができた。しかし、注意しなければならないことがある。

王権の中空構造の直接の由来は中国大陸に求めることができるが、じつは、中空構造の深層には人類に普遍的な空洞に対する信仰がある。空洞の聖性は、母の胎内、植物の空洞、山や海岸の洞窟であり、さらに大地におちて再生する種子などであり、万物がそこにこもり、再生してくる空間である。日本の王権の永続はこのような空洞信仰にもささえられていた。

しかも中国南部には永続した王権が存在しないのに、日本の天皇は永続した。なぜか。日本国家と天皇について考えるときの根本の問題である。

中国黄河流域、中国長江流域、日本の三地域の生業、信仰形態、政治形態を、もう一度わかりやすく比較してみよう。

中国黄河流域　狩猟・牧畜・畑作農耕　天の信仰　強大王権交替
中国長江流域　稲作農耕　大地の信仰　弱小王権交替
日本　稲作農耕　大地の信仰　天皇の永続

この比較によって、中国黄河流域の文化体系は日本と一致点がないのに対し、中国の長江流域の文化体系と日本は多くの点で一致している。異なるのは、長江流域では弱小王権が交替をくりかえしているのに対し、日本の天皇制が永続していることである。天皇制永続の謎を解明するための鍵は長江流域・以南の文化にあることをこの比較が示している。

天皇制の空白性、空洞性とむすびついて、外側にあった存在が、天皇制をその存在や歴史の拠り所にしてきた。外側の第一のグループは、貴族、官僚、公民など、第二のグループは、被差別民、渡来人、芸能人、職人、遊女など、さらにこれらと関わりをもちながら、独自の存在領域を確保していた放浪の民などである。

網野善彦は、この第二のグループを非農業民とよび、「農業以外の生業に主として携わり、山野河海、市・津・泊・道などの場を生活の舞台としている人々、海民・山民をはじめ、商工民・芸能民等々」と定義し、これらの人々が天皇と特殊な結びつきをもっていた事実を、中世を中心に考察している（『日本中世の非農業民と天皇』）。網野氏は、天皇と非農業民の関係を自身でおおよそ次のように解説した。

「古代以後、日本の天皇をささえてきた一本の柱は、一般の公民であり、彼らがおさめる調や庸によって律令国家がささえられた。もう一本の柱の非農業民は贄をおさめることによって天皇をささえた」(『日本王権論』)。

天皇制を含めた日本文化の構造は、中心の聖、第一外輪の俗、第二外輪の賤という図式としてとらえることができる。日本の歴史と文化はこの三者の反発と融合のなかで形成されてきた。この展開で、俗はしばしば聖と対立・葛藤したのに対し、賤は俗をこえて直接に聖と結合し、独自の文化や芸能を生んできた。

中心の天皇との親勢力・聖と、周辺の第一外輪官僚勢力(鎌倉時代以降は幕府権力)・俗の主要な対立・抗争を平安時代まで辿ってみよう。

物部氏と蘇我氏の対立——仏教受容をきっかけとした周辺の権力争い　周辺
聖徳太子——天皇への権力奪回の試み　中心
大化の改新(乙巳の変)——蘇我氏を打倒　天皇制の権力確保　中心
壬申の乱——大友・大海人両皇子による中心内部の権力争い　八世紀前半まで皇親政治がつづく　中心
後宮制度——七世紀末ころに成立　女性霊力の管理　中心
律令制——近江令(天智朝)・飛鳥浄御原律令(天武朝)などの試みの後、大宝律令(七〇一年)、養老律令(七一七～二三)など官僚制度の整備　周辺
長屋王の乱——藤原氏の陰謀　中心(皇親)と周辺(貴族)の対立　中心対周辺

藤原広嗣の乱――貴族内部の勢力争い　周辺
橘奈良麻呂の変――貴族権力にたいする皇親派のクーデターの挫折　周辺対中心
藤原仲麻呂の乱――皇権内部の対立　中心
宇佐八幡神託事件――道鏡の失脚　皇親派と貴族の結託　中心対周辺
井上内親王廃后事件――皇親派と貴族の対立　皇親の敗北　周辺対中心
承平・天慶の乱――将門の乱と純友の乱（新しい周辺〔武士〕の台頭）　周辺
摂関政治――新しい周辺の在り方　周辺

中心内部の争い→中心と周辺の争い→周辺の争いと三段階の変化をたどり、全体としては中心の王権が実際政治から排除され疎外されていった。

他方、中心の王権と第二外輪の非公民・賤が関係しあって誕生させた芸能や文化は多様で価値も高い。各種年中行事、暦法、宮廷芸能、葬制、仏教、各種宮廷祭祀、日本神話、神、神道、遊女、各種生業、陰陽道などである。

聖と賤は、反発、対立しあうことはなく、日本の文化の重要なものが、両者の交流のなかで生みだされた。

天皇制が俗と賤の両方と関係をむすび、歴史をうごかしてきたのは、その本質が聖なる空洞であるだけではなく、そこから精神的な価値が生まれたからである。

具体例を被差別芸能者楽戸《がっこ》の制の導入で検討する。

大宝元年（七〇一）に雅楽寮が設けられた際に、下部機関に楽戸が組みこまれ、伎楽・腰鼓など

京都・八瀬の美智子皇后（当時）の歌碑

五代（10世紀末）の韓熙戴画「夜宴の図」の楽戸。緑衣の強制

の楽生《がくしょう》の養成に当たっていた（養老令）。また天平三年（七三一）に雅楽寮の定員を定めたときには、度羅《とら》（済州島）楽生六二人、諸県《もろかた》（日向国諸県郡）舞八人、筑紫舞二〇人は楽戸からあてるとされていた（『続日本紀』）。

　これに先行するのが中国の楽戸の歴史である。北魏（五世紀）の時代に刑罰をうけた者、戦争の捕虜などが楽戸に編入され、清朝末まで固定していた。完全解放は人民共和国成立以降であった。山西省などでは現在もその差別が続く。

　平民との通婚は不許可、科挙受験は認められず、服装は緑衣に限定されていた。住居は門楼を造れず屋根に獣頭をおけない。居住地域は制限され、車馬には乗れない。たまたま楽戸になると同族の祠堂や墓に入れず、子女は多く娼となった。雨が降っても軒下に入れない。道の中央を通れず平民に道をゆずる。官吏が楽戸の女を娶ると杖六〇の罰をうけ離婚させられた。

　日本の賤を代表する八瀬童子《やせどうじ》についてのべよう。比叡山のふもと、京都府の八瀬に暮らす人々である。薪や炭を作り、それを売って生計を立て、同時に比叡山延暦寺の雑役や、天台座主の輿《こし》を担ぐ駕輿丁《かよちょう》とよばれる役に就いていた。室町時代以降は朝廷の儀式などで駕輿丁を務め、天皇の輿を担ぐ任に就いて大童の姿で草履を履いていたことから、八瀬童子とよばれた。八瀬童子は天台宗の開祖である最澄が使役していた鬼の子孫である、という伝説があり、八瀬の人々も自分たちは鬼の子孫であると語る。縄文時代から続く山の民だった、とする説があり、里で暮らす農民とは、習慣や言葉などが違う特異な存在であった。

私は比叡山へ訪れたときに幾度か八瀬を訪ねた。前頁の一枚は、八瀬で見た美智子皇后（当時）の歌碑である。「大君の御幸《みゆき》祝ふと八瀬童子踊りくれたり月若き夜に」。賤と聖との関係は現在でも保たれているのである。

賤が聖との関係をことさらに緊密にたもとうとした理由は、

1　賤が本来聖から誕生し、しばしば聖に転化した。
2　聖も賤も俗と対立するという共通の立場から、反俗同士で同盟した。
3　賤は階層的上昇志向を直接に聖との関係のなかではたそうとした。

の三点にあった。

また、俗が聖とのつながりを強調したのは、俗世界における権力の確立が、聖との関係によって保障されるという日本社会の基本構造による。

いずれにしても、日本の歴史は中心と周辺の関係のなかで推移し、その基本的構造は現代も変わっていない。

4　中心にある女性霊力・大地の信仰

すでに詳述したように、日本の王権の原型は二世紀後半から三世紀にかけて、倭人が建国した邪馬台国の卑弥呼と弟の関係にまでさかのぼる。ヒメ・ヒコ制とよばれ、王位にある女性がその霊力で祭事を、従属者である男性が政治を分担する制度である。そののち、ヒメ・ヒコ制は、制度をささえた精神とその根底にある女性の霊力に対する信仰と、二つの方向に分かれて、日本の王権と社会の民俗にふかく根をおろしてゆく。

1　日本古代の王権で、女性が王位を継承する巫女王＝女帝の制度は八世紀以降、日本の国家制度が整備されてゆく過程で、皇位継承権を男性天皇にゆだねて衰亡してゆくが、しかし、天皇は実際政治に関与せず、祭事に専心するというヒメ・ヒコ制の精神は日本の王権に継承され、現在にまでうけつがれている。

2　他方、女性がその霊力で男性兄弟を庇護する、ヒメ・ヒコ制をささえた基本信仰は、後宮制度、伊勢信仰（斎宮）、オ（ヲ）ナリガミ信仰などに分化して、やはり日本文化の底流を形成する。

日本国家成立期の官僚制度の手本は中国の律令制にあった。この時代に編纂された飛鳥浄御原令、及び大宝、養老の各律令を検討することによって、当時の日本がどのような国家体制をめざしていたかがあきらかになってくる。膨大な量の論考がこれまでに発表されている。その研究動向は次の三つに分けることができる（武光誠氏『律令制成立過程の研究』）。

一　日中律令の相違が、どのような政治権力の違い、中国の皇帝と貴族との関係と、日本の天皇と貴族との関係の違いを反映しているかという問題。

二　日本律令のなかの中国の原形と異質な側面を探ることから、中国律令と日本の固有法との交渉がどのように行なわれたかという問題。

三　日本国家の成立過程の考察をとおして、中国律令が、どのような過程で日本に受け入れられたかの問題。

しかし、私の関心はこの三種のなかにはふくまれていない。

私の志向するテーマは次のようになる。「日本律令と中国律令の同質性は中国の北方原理に由来し、異質性は中国の南方原理に由来する。」

日本律令と中国律令とを比較したときに、同質の側面と異質の側面があることは、これまで多くの研究者が指摘してきた。しかし、これまでの研究には次の二つの視点が欠けている。

1　中国文化を北方と南方にわけ、隋唐帝国によって制定された中国律令を北方原理の表現としてとらえる視点。

2　日本の固有とみられる特質はじつは中国の南方原理に由来するという視点。

日本の陰陽寮の制度を例にとってみる。

陰陽道の構成要素は中国から伝来したが、完成形としての陰陽道そのものも、名称も中国には存在しない。中国で、陰陽五行思想にもとづいて生みだされた方術（不老長生術）、風水説（立地判断）、密教（加持祈禱）、宿曜《すくよう》（天文学）、呪禁《じゅごん》（医術）という五種の科学・呪術複合を総合して日本で生まれた（諏訪春雄著『安倍晴明伝説』）。

この陰陽道を管理した陰陽寮にあたる組織も名称も中国にはない。中国の唐代の制度で、暦・天文・漏刻の三部門をあつかった太史局と、それとは別の指揮系統に属して、卜占と方術をつかさどった太卜署の二つの役所を統合して日本独自の組織として誕生したのが、陰陽寮であった。

人員配置をみよう。日中両国の職務を、陰陽、暦、天文、漏刻の四部門に分けると、中国の総人数は日本の十七倍強に達するが、配置する人数の割合が大きくちがっていた。実務者を多数必要とする漏刻を別とすれば、日本の陰陽寮における陰陽対暦対天文の人数比は、一・五対一対一となり、陰陽のほうが暦や天文よりも多い。これに対して、中国では二対一対三・六となり、天文が突出していた。

古代の天文術を支配した思想は天人相関であった。天文と地上の政治や道徳は不可分の関係にあった。地上の異常はまず天界の異変となって現れるという観念が、古代人を天文観測にかりたてた原動力であった。中国北方の天の原理とはことばをかえれば天人相関観念であった。中国の官僚制が天文にもっとも多くの人数を配置したのは当然であった。

日本にも天人相関説は早くから入っていた。ただ天変観念だけが突出していたのではなく、地異がもっとも重視された。そのことが、天変中心の暦や天文に対する陰陽重視の人員配置となった。

日本の陰陽寮が地異重視の陰陽にもっとも多くの人数を配置したのは、天の原理を地上の原理で抑制したためであった。太陽は地上にやどって朝に天にのぼり、夕べにはふたたび地上にもどる。そのために、大地の存在と観念されていた。この太陽信仰を中心にすえる南方原理は大地優位の思想でもあった。その南方原理が北方原理を制約していた。

中国の天の神信仰を北と南に分けて考察してみよう。天の信仰は南にもあるが、両者には違いがある。

北方型は、世界の統治を行なう神で、超人間的で一元的（一神教的多神教）、文明を創造し、シャーマンはエクスタシー（脱魂）型である。

他方、南方型は、人間へ恩恵を直接もたらす神で、具象的、多元的（多神教的）であり、世界を創造し、シャーマンはポゼッション（憑霊）型である。

このように特質を把握すると、日本のアマテラスはあきらかに南方型である。

中国や朝鮮にあった皇帝による祭天祭祀が日本には存在しない。厳密にいうと、平安時代に三度だけ記録に残っているが、例外的なものであり、対になる地の祭りもなく、祭壇が建造された形跡もない。天皇による国事行為としては定着しなかった（渡辺信一郎『中国古代の王権と天下秩序』）。

日本は、七世紀から八世紀にかけて国家体制をととのえていったときに、中国の隋や唐の法律体系や官僚制度を採りいれた。にもかかわらず、重要な分野で中国の制度の採用や影響を排除した。天の神の祭りはその代表例である。異質なもの（南北両原理）の融合と同化が日本の天皇制を生んだが、天父よりも地母を重視したことが天皇制永続の因となった。

Ⅹ　日本の女帝——巫女王の行方——

1　女帝論の展開

「皇室典範」の規定によって、明治以降、日本では女子が皇位につくことはできなくなった。最近、女帝論争がジャーナリズムをにぎわしているのはそのためである。

すこし遡ってみよう。小泉内閣の時代である。小泉首相の私的諮問機関である「皇室典範に関する有識者会議」は二〇〇五年十一月二十五日、最終報告で女性・女系天皇を容認する方針をうち出した。

最終報告は、女性・女系天皇を容認したうえで「長子優先」を採用した。直系を傍系より優先させたうえで、同じ直系内、傍系内では長子を優先させた。

当時の皇室にあてはめると、女性天皇の容認により、継承資格者が六人から十四人に増える。さらに、順位も、皇太子に続く二位は弟の秋篠宮から、長女の敬宮愛子になり、秋篠宮は三位に下がる。

仮に、皇太子家に敬宮の弟が生まれたり、秋篠宮家に男の子が生まれたりしたとしても、敬宮が優先され、歴史上九人目の女性天皇となる。また、敬宮が仮に天皇の血筋に属さない男性と結婚して子どもが生まれれば、男女にかかわりなく、初めての「女系天皇」が誕生することになる。

有識者会議が出したこのような結論に対し、男系の尊重を主張する見解もかなり根強かった。そうした反対論の中で世間的に注視されたのが三笠宮寛仁の異論であった。自ら会長を務める福祉団体「柏朋会」に寄稿した「近況雑感」で、大略、以下のようにのべておられた（『朝日新聞』二〇〇五年十一月四日朝刊）。

論点は二つです。一つは二六六五年間の世界に類を見ない我が国固有の歴史と伝統を平成の御世でいとも簡単に変更して良いのかどうかです。

万世一系、一二五代の天子様の皇統が貴重な理由は、神話の時代の初代・神武天皇から連綿として一度の例外も無く、「男系」で今上陛下まで続いて来ているという厳然たる事実です。

二つ目は、現在のままでは、確かに〝男子〟が居なくなりますが、皇室典範改正をして、かつて歴史上現実にあった幾つかの方法論をまず取上げてみる事だと思います。

順不同ですが、①臣籍降下された元皇族の皇籍復帰②現在の女性皇族（内親王）に養子を元皇族（男系）から取る事が出来る様に定め、その方に皇位継承権を与える（差し当たり内廷皇族と直宮のみに留める）③元皇族に、廃絶になった宮家（例＝秩父宮・高松宮）の祭祀を継承していただき再興する。（将来の常陸宮家・三笠宮家もこの範疇に入る）

以上の様な様々な方法論を駆使してみる事が先決だと思います。

この三笠宮の発言にはかなり賛意が寄せられていた。その一つ、超党派の保守系国会議員でつくる「日本会議国会議員懇談会」（二百三十八人）は、有識者会議の議論を「国民の理解を超える拙速さ」と批判し、「皇位継承問題は国家重要事項であり、慎重な審議と国民の納得が図られるべきである」とする決議文を一一月一六日に首相官邸に提出した。

現在も、女帝論は緊急の課題として脚光を浴びている。現在の論争にきちんとした対応をするためにも、さらに、日本の歴史、王権の本質を解明するうえでも女帝論は避けて通れない問題である。初代の神武天皇から百二十五代の平成天皇まで、「皇統譜」に記載のある一二五人の天皇のうち、女帝は十代をかぞえるが、再度即位（重祚）した女帝が二名いるので、実際の女帝の数は八名となる。その出現の状況は次のようになる。

七世紀　三名　　八世紀　三名　　十七世紀　一名　　十八世紀　一名

日本の歴史二十世紀のあいだで、四世紀だけ現われて、ほかの十六世紀には現われていない。古代の六名の女帝の本質については、巫女王説、中継ぎ説、統治能力説の三つにまとめることができる。

巫女王説というのは、折口信夫（「女帝考」）、上田正昭（『日本の女帝』）などが唱えている説である。多少のニュアンスの相違はあっても、神の啓示に耳をかたむけ、政治の方向を決定してゆく聖なる巫女的統治者と考える点で一致している。

中継ぎ説は、井上光貞（「古代の女帝」『日本古代国家の研究』）、小林敏男（『古代女帝の時代』）、水野裕（「古代女帝の謎」）などの各氏が提唱している論である。皇位継承上の困難な事情のあるときに、中継ぎとして先帝または前帝の皇后が即位する慣行があったとする。

これに対する統治能力説は、前二説をいずれも女性の性差を強調しているとして否定した荒木敏夫『可能性としての女帝』、義江明子「古代女帝論の過去と現在」（『天皇と王権を考える7』）らが展開している。

三説ともに具体的な論旨の運びは、しかし、段階を区分したり、王権構造の質的変化を考慮したりして、単純に一つの性格や本質に終始しているわけではない。それぞれの代表的な論を検討しよう。

まず巫女王説では上田正昭の論をとりあげる。巫女から女帝へという展開を考える上田氏は、女帝の歴史を三段階にわける。卑弥呼・壱与《いよ》・神宮皇后・飯豊《いいとよ》女王などの巫女王の時代、推古・皇極・斉明・持統の巫女王から女帝への中間段階の時間、元明・元正・孝謙・称徳の女帝の時代の三つである。

この上田説を批判した小林敏男は、ヒメ・ヒコ制に注目する。しかし、ヒメ・ヒコ制を男女二人の現実の王とはとらえず、日本の王権や首長制をつらぬいて存在した聖と俗の二つの価値と考える。そのようなヒメ・ヒコ制を前提に、A王・ヒメ制、B大王・キサキ制、C大王・オホキサキ（大后、先帝の后）制の三段階をたどって王権は発展したと主張する。A段階では、ヒメは霊能・呪力を持ち王権を構成する一方の主体者で、王はヒメと聖婚することによってその神性を獲得できたとし、B段階をへてC段階に大王とともに共同統治の立場に立つようになったオホキサキの出現の延長上に女帝は登場したと位置づけた。

上田説と小林説は一見対立しているようであって、じつは共通性もあり、相互補完の関係にある。両者ともに、日本の女帝の歴史が、聖的状況を源流として俗的状況に推移したとみる点で共通している。ただその聖と俗の状況の表現方法に相違がある。上田氏は、聖→聖俗→俗という三段階の変化を女帝中心に立論する。これに対し、小林氏は、「聖」俗→聖俗→聖「俗」という三段階の推移を男王とキサキをともに視野に入れた制度として考えている。このばあい、「 」を付した聖・俗はそれぞれに聖性と俗性の優越を意味している。

井上光貞の中継ぎ説はその後の女帝研究に大きな影響を与えた。井上氏は、推古・皇極・斉明・持統の女帝と、『日本書紀』に即位を要請された記事のある春日山田皇女・倭姫の六人をとりあげ、共通する特色として、いずれも皇族出身の天皇の子か、大兄すなわち天皇の嫡長子の孫か、皇太子の子か、いずれも天皇または天皇になることのできる人の娘であり、またすべて皇太后であったという特徴を指摘し、「古代には、皇位継承上の困難な事情のある時、先帝または前帝の皇后が即位するという慣行があったのであり、それが女帝の本来のすがたであった」と結論した。

このような巫女説や中継ぎ説を、荒木敏夫や義江明子はジェンダー論の立場から否定している。荒木氏は、中継ぎは女帝に限られるものではなく、男帝にもあったとして、古代の孝徳天皇、平安末期の後白河天皇などの例をあげ、次のようにいう（「女帝研究の視角と課題」『東アジアの古代文化』一一九号）。

まず、第一の点（女帝＝中継ぎ論）に関しては、王位継承に際して、ある種の「中継ぎ」の性格が付与されるのは、男帝・女帝という性差にもとづくわけではない。女帝＝中継ぎ論の誤りは、中継ぎと規定したからではなく、性差を前提にして「女性だから中継ぎ」としたためである。これからの検討課題は、中継ぎの性格が、女帝と男帝の場合にどれほどの相違があるのか、ないのか、を探るべきだろう。

第二の点（女帝＝シャーマン論）に関しては、シャーマンは、シャーマニズムの国際的な研究成果に依拠する限り、脱魂と憑依をその特質とするものである。これまで、女帝がシャーマンであることを示すとしてきた数少ない事例とされている皇極の南淵河での雨乞い祈禱も――この記事の作為性を考慮の外においても――シャーマンであることを示すものとはいえないのである。日本古代の大王・天皇の宗教性は、佐々木宏幹氏が検討された、祭司＝プリースト（Priest）の概念が、それらを考える時に参考されるべきであろう。

この批判の有効性についてはのちに検証する。この荒木氏につづいて義江氏は、持統天皇、孝謙天皇＝称徳天皇を例にあげて、中継ぎ説、巫女説にもとづく古代女帝論をもっと果敢に否定した。持統天皇について、氏は、天武天皇没後の後継者争いの混乱の中で実力によって王権を奪取した天皇と評価し、壬申の乱の混乱のなかで実力によって王権を奪い取った天武と同様に、まぎれもない六、七世紀の日本における正統な王者であったという。それより一世紀以上経過した孝謙と称徳についてはは社会変動のなかで王権側の自律的皇位継承の論理にもとづいてキサキが天皇となった例だと論じた。

その後、義江氏はさらに、二十二代清寧没後の王統断絶の危機を救い、二十三代顕宗、二十四代仁賢に無事引き継いだ女性とされる飯豊王についても、『日本書紀』の名前の表記法を検討し、『日本書紀』の「忍海飯豊青尊」という自称に「誇らかに王者としての名乗り」を見ている。

ジェンダーという強烈な枠組みを設定すると論理は先鋭となり、容赦のない他説の批判に奔《はし》る。

ジェンダー論者にしばしば認められる傾向である。

2 巫女王批判論の是非

古代の女帝に巫女としての性格はまったくなかったのか。

義江氏は直接巫女論を否定するのではなく、古代の女帝がいかに激烈な政争を勝ち抜いた実力者であったかを強調し、王権内部の交代のルールに従って登場したにすぎないことを力説し、結果として巫女論を間接的に批判する。

他方、荒木氏は、前掲『可能性としての女帝』所収の「女帝はシャーマンか」で直接に女帝シャーマン説を批判の対象にしている。氏は佐々木宏幹などの論（『憑霊とシャーマン』）によって、呪術的・宗教的職能者を祭司・シャーマン・呪術師の三つに区分し、祭司は人間・社会を代表して神霊、精霊に働きかける者、シャーマンは神霊・精霊とトランス状態その他において直接交流・交渉する者、呪術師は呪力・霊力を具体的に利用して現実的問題を解決しようとする者、とする。

さらに、祭司については次のように規定する。


祭司の地位の多くは、世襲、継承によって到達されるが、祭司は既定の方式に従って学習と訓練を重ね、一定の時間をかけて自己を聖化させていくことが多い。また、祭司は、社会全体や宇宙の秩序にかかわる。それは世界や民族、部族、氏族、リネージなどの創造者・創始者および各集団の代々の祖霊を祭り、国神・部族神・氏族神・血縁集団の祖霊・村神などの祭祀を主宰し、年中行事や通過儀礼など、共同体の秩序や人生全体のリズムに関係する儀礼を執行するといった役割・態度である。

次にシャーマンについては以下のように説明する。

シャーマンは血統・系譜に関係なく、自己の霊力と意志にもとづいてその地位を築き上げる。シャーマンになるには三つの型がある。（1）召命〈神の「お召し」または「えらび」によるもの〉、（2）世襲的継承によるもの、（3）個人の自由意志または部族、氏族の意志によるものの三つである。また、シャーマンは、比較的狭い範囲の問題や個人の問題にかかわる。それは全体社会の部分に破れ目ができたり、人生の部分のリズムが狂ったりするとき、個々の問題解決に参与するといった役割・態度である。

このように規定したうえで、古代の巫女王はシャーマンとするよりも祭司とみなすべきと主張する。

こうした荒木氏の説に対しては二つの方向から疑問を呈することができる。一つの方向は、祭司とシャーマンの区別はそのように厳密なのか、両者は融合し、混同されることはないのか、という問いを発することであり、もう一つの方向は、かりに荒木氏の規定にしたがって祭司とシャーマンを区別したとしても、古代日本の女帝は、すべてが祭司に分類されるものなのか、と問うことである。ここでは前者の問いからみてゆく。
荒木氏は、佐々木宏幹の論にしたがって、祭司とシャーマンを区別した。しかし、佐々木氏自身、祭司について次のように説明している。

祭司職の成立：祭司と他の諸職能者とは、どこにおいても分化しているわけではない。未開社会のなかには祭司、預言者、シャマン、呪術師などが未分化状態にあるところもある。南米ボリビアのシリオノ族やオーストラリアの北部ムルンギン族などでは、同一人物が祭司＝シャマンとして役割を果たしており、神々もまた未分化状態にある。明白な祭司職（priesthood）は組織的に食物生産の可能な社会＝農耕社会の出現をまって成立したとされる。そこでは労働分業が明確化し、社会の階層化が進み、宗教的職能の分化が見られるにいたる。こうした状況において祭司は宗教的領域における知的エリートとしての地位を確保する。祭司職の成立は過程的には各地の王権の成立・出現と深く関わっている。各地の〝祭司王〟（Priest King）の存在と伝承はこのことをよく物語っている。

古代にさかのぼれば、祭司とシャーマンは一つになってしまい、両者が分離するのは、時代が下るという指摘は、日本の女帝を考えるときにも重要な視点となる。荒木氏の女帝祭司説はそのままには受け取れないが、いわゆる巫女王といわれるものの本質の歴史的変化に気付かせてくれた点で貴重であったといえる。
「Ⅱ　4　ヒメ・ヒコ制で解するアマテラス」で説明したように、アマテラスは、人、神、巫女、祭司を兼ねた性質を持っている。この四者を兼ねることは、アマテラスに特有なことではなく、アジアの古代信仰の一般的現象であった。古代の信仰形態を現在に保存している沖縄の久高島《くだかじま》では、シャーマンが祭祀を兼ねる民俗は、現在も保存されており、台湾原住民社会でも普通に見ることができる。

荒木氏の説に対する第二の疑問を検討しよう。かりに荒木氏の規定にしたがって祭司とシャーマンを区別したとしても、古代日本の女帝は、すべてが祭司に分類されるものなのか。シャーマンであったことを否定できない存在が、卑弥呼と神功皇后である。先に紹介した上田正昭氏は、ほかに、壱与と飯豊女王を加え、聖性優位の時代の女帝としている。

あまりに有名な卑弥呼であるが、『魏志倭人伝』によると、卑弥呼の弟と、ただ一人居所への出入りを許され、食事の世話をし、卑弥呼の言葉を外部に伝えた一人の男とは同一人とする説が強い。その提唱者の一人、水野祐氏は、飲食の世話をしたということは、たんに膳を供えたということではなく、卑弥呼と共食、同じ食事をとるということで、「共食者が同体となるという意味がある。それは即位の大嘗祭において、天照大神＝皇祖神と新天皇とが、一室に入り、共食し、共床することで、皇室の神霊を新天皇が完全に継承したことになるのと、全く同じ原理が働くのである」とのべている（『評釈魏志倭人伝』）。

卑弥呼の没後、倭国は混乱におちいったので、人々は卑弥呼の長女壱与を王として国をおさめさせたという。壱与もまた巫女王であった。

卑弥呼や壱与のような巫女王は、邪馬台国にかぎられた特殊な例ではなく、古代の日本にかなり一般的にみられる政治と祭事のあり方だった。ヒメ・ヒコ制とよばれるものがそれである（「Ⅰ 2

ヒメ・ヒコ制とオナリ神信仰」)。ヒメ・ヒコ制は、兄弟と姉妹が政事と祭事を分担する統治の形態である。一般に、「地名+ヒメ」と「地名+ヒコ」の名をもつ男女が一対となってその地域を支配する原始的な王権のあり方であった。具体例としては、『日本書紀』神武天皇即位前紀のウサの国の祖先ウサツヒコとウサツヒメのばあいなどがそれである。

このほかにも『日本書紀』には地方の首長が女性であった例をいくつかひろいだすことができる。政事権または軍事権を持つ男性の名がしるされていないが、女性が祭事権を持つために首長にされたのであろうと推測されている(鳥越憲三郎「巫女の歴史」『講座日本の民俗宗教4』)。時代がさがると、男女の役割分担に相互移動もあったようで、女性の首長が政事や生産にたずさわる例もあった(今井尭「古墳時代前期における女性の地位」『日本史研究』三九七号)。

しかし、ヒメ・ヒコ制の精神は日本の歴史を貫流していた。『古事記』や『日本書紀』には天皇にともなう皇位継承争いの記事が頻々と出てくる。そのばあい、ライバルに同母の姉妹があると、皇位継承者がその女性を娶っている例が多い。これは、霊的守護者である姉妹を兄弟からひきはなすことに目的があったのではないかと考えられる。平和のうちにそれが成功すれば、皇位継承者はライバルに対して優位にたつことができたが、不幸にして両者が対立関係にある時は、相手をたおしてその霊的守護者である姉妹をめとることによって、皇位争奪戦の完全な勝利をかちとることになった(倉塚曄子『巫女の文化』)。

「I 2 ヒメ・ヒコ制とオナリ神信仰」で詳述したように、神功皇后は自ら神がかりして託宣を告げるシャーマンである。しかし、『日本書紀』仲哀天皇九年三月には「神主」とあって祭司でもあった。祭司とシャーマンの区別が厳密なものではなかったことがあきらかである。

3　日中朝三国の女帝

日本では七世紀、八世紀の二世紀に六人もの女性天皇が現われている。これは、中国や朝鮮に比較すると、きわめて多い数である。なぜ、日本の古代だけがこのように多い女性天皇を誕生させたのか。そして、日本の女性天皇は、中国や朝鮮の女帝と比較したときにどのような特質を示していたのか。

中国五千年の歴史で皇帝の位についた女性はただ一人、則天武后だけである。

則天武后は唐の第三代高宗の皇后であったが、高宗が亡くなったのち、第四代中宗を廃し、唐に代わって、国号を「周」に改め、自ら皇帝の位について聖神皇帝と称した。六九〇年のことで、武后はすでに六十三、四歳になっていたと推定されている。この則天武后に対する評価、また、なぜ彼女がただ一人皇帝の位につくことができたのか、その理由などについてはまだ決定的な説は出ていない。

則天武后はその在位中に多くの人を殺した。武后の直接の関係者二十三名、唐皇室関係者五十名、高官や将軍三十六名、総計百九名にも及ぶ人たちが殺された。まさに血まみれのなかで獲得した皇帝の椅子であった。他方で怪しげな僧や美少年を溺愛した。夫中宗を毒殺し、姑の則天武后を真似て新しい国を建てようとして失敗した韋后と並べて「武韋の禍」と称されたのも当然の悪逆、無道ぶりであった。

しかし、他方で、社会を安定させ、文化を発展させた。人口も急速に増えた。武后が政権を執る前の六五二年（永徽三）には全国戸数三八〇万余戸であったが、武后が世を去った七〇五年（神龍元）には六一五万戸に増加していたという報告も出されている（杉本憲司「中国の女帝と歴史に見える女性像」『日本の古代12　女性の力』）。

なぜ、則天武后が中国の歴史で唯一の女帝となることができたのか。

杉本憲司は、女性を尊重した北方の遊牧民社会の影響を重視する（前掲書）。これと似たような視点をとりながら、皇帝の個人的寵愛が政局を左右し、遊牧社会の影響を受けるような唐社会の国家制度の未成熟に理由を求めたのが氣賀澤保規であった（『則天武后』）。

皇帝の正妻としての皇后の隔絶した地位に注目したのが谷口やすよ氏であった（「漢代の皇后権」『史学雑誌』一九七八年十一月）。氏は漢代の皇后の王権に占める地位について検討した。皇后は皇帝と同等の尊崇を受け、皇帝の在世中は皇帝の意志によって存廃を決められる身であるが、皇帝の亡くなった後では、皇帝に代わる存在として新皇帝の決定権を持ち、新皇帝は即位後も、時として皇太后によって位を追われることもあったことをあきらかにしている。

以上のような見方はすべて当っているのであろう。しかし、だからといって、これらの事情だけで、中国の長い歴史のうえでただ一人則天武后だけが女性で皇帝となった理由を説明し切ったとはいえない。

武照（則天武后の本名）が皇太后の位置に止まることなく、皇帝即位への途を歩んだ要因は一つに決めがたいが、その要因の一つに女帝を輩出させた時代の背景を見過ごすことはできないと主張するのが荒木敏夫である（『可能性としての女帝』）。

則天武后が皇帝になった七世紀のアジアはかつてなかった女帝輩出の世紀であったと荒木氏はいう。東アジアの倭国においては、推古、皇極、斉明の女帝が即位し、朝鮮半島の新羅でも善徳、真徳が女帝になった。この他に氏は次の三人のアジアにおける女帝の例をあげる。

東南アジアの林邑国（現在のヴェトナム）の諸葛地の妻の女王

現在の四川省の地にあった東女国とよばれた女王国の四代にわたる女王

現在の浙江省の地にあった女帝擁立の反乱事件

このような例をあげたうえで、中国の歴史からみると武照の皇帝即位は特異に思われるが、七世紀のアジアの歴史からみるとそれほど特異なものではなかったと氏はいう。

これまでみてきた各氏の説明によって、則天武后が皇帝になった事情はかなりあきらかになった。しかし、決定的な理由が解明されたというにはなおためらいがのこる。

朝鮮半島の三名の女帝誕生の過程を追ってみよう。

朝鮮の女帝はいずれも新羅王朝に現われている。

二十七代　善徳　在位六三二年〜六四七年

二十八代　真徳　在位六四七年〜六五四年

五十一代　真聖　在位八八七年〜八九七年

新羅は四世紀後半までには成立、王都は金城（現在の韓国慶州）にあった。初めは高句麗に従属していたが、六世紀に入って飛躍的に勢力を伸ばし、高句麗、百済と三国鼎立時代に入った。七世紀後半、唐との同盟に成功した新羅は朝鮮半島を掌握し、律令にもとづく中央集権的官僚機構を整備して支配を続け、九三五年に高麗に滅ぼされるまで続いた。

新羅は朝鮮を最初に統一した国家であった。その新羅の統一国家形成期に出現した女王が善徳、真徳の二人であった。この二人が即位可能となった理由についても、

1 正統な後継者がいなかったために次善の策として選ばれた。（末松保和「新羅三代考」『新羅史の諸問題』、その他）

2 二人の女帝のシャーマン的特性による。（木下礼仁「古代朝鮮の女王」『日本の古代12 女性の力』）

3 正統な後継者がいなかったときにその能力に期待をかけられた。（荒木敏夫『可能性としての女帝』）

などの各説が対立している。

伝説の時代は別として、中国や朝鮮の女帝即位の理由に巫女王の特性を認めるのはむずかしい。朝鮮の二人の女帝善徳・真徳の二人にそれを認めようとする木下礼仁の説については、荒木敏夫の否定論があり（前掲書）、説得力を持つ。

日本の女帝巫女王説については、ジェンダー論の立場からのきびしい否定論があることはすでにみた通りである。しかし、『魏志倭人伝』の卑弥呼の記載から判断しても、日本の古代に巫女王が存在したことは、疑うことのできない事実である。

問題は、日本の巫女王の伝統はいつまで続いたのか、絶えたとすればなぜか、に尽きる。日本の女帝は大きく聖優位から俗優位へとその性格を推移させた。その境は、段階で区切るよりも、徐々に移行したとみるべきである。俗優位の状況を実現するうえで大きな要因となったのは中国王朝の思想と制度の影響であり、ことに持統天皇時代の皇太子制の成立であった。皇太子制の成立以前の女帝は聖性が優越し、成立以降は中継ぎとしての性格をもつようになる。八世紀以降に女帝が消えていった重要な要因は、後継者育成制度としての後宮の成立と女性差別の思想を持つ仏教や儒教の浸透であった。

中国や朝鮮では女帝を嫌う風が強かった。日本と比較して女帝の擁立が少なかった理由はそこにある。『書経』「牧誓」に周の初代の武王の言葉として有名な「牝鶏之晨《ひんけいのしん》」の故事が引かれている。武王が殷の郊外で軍勢にいった。「昔の人がいった。めんどりは朝のときを告げることがない。めんどりが朝のときを告げれば、家財を失う。いま、殷の紂《ちゅう》は婦人のいうことばかりを用いている……」

このように女性の政治関与を嫌う例は数多い。中国や朝鮮では女王は異例であり、異常であった。この点、日本では大きく事情が異なっていた。女性の天皇が律令の規定で認められていた。「養老令」の第十三篇「継嗣令」の「皇兄弟子」の条に次のような規定がある。

およそ皇の兄弟・皇子は、皆親王とせよ。女帝の子もまた同じ。以外は並に諸王とせよ。親王より五世は、王の名得たりといえども、皇親の限りにあらず。

春名宏昭は、「継嗣令」のこの規定を、皇位継承権保有者の範囲を決定する規定であるとして、親王の即位をまず想定し、次に内親王の即位（女帝）とその子の即位による皇統の継続を意図し、さらに最後の策として傍系諸王の即位と新天皇家の形成を構想したと解釈している（「天皇家の継承」『史学雑誌』二〇〇三年）。

右の文を引用した大津透は、「律令国家（古代日本）は女帝を例外ではなく存在しうるものとして制度化していた」としている（「律令制と女帝・皇后の役割」『東南アジアの古代文化』二〇〇四年）。

1　平安時代の儀式書『西宮記』には、古代の女帝の衣装を天皇と同じ「白御衣」と規定している。

2　天皇の正装は、九世紀初頭に変更され、中国の皇帝の正装が採用され、それまでの正装の白御衣は神事に限定された。女帝の正装が白の御衣であったことは神事への奉仕がその本質であったことを示す。

3　皇后も神事の場では天皇と同じ「帛衣」だった。皇后も天皇と同じように大和朝廷・律令国家の中核となる宗教的機能を持っていた。

4　女性は国造の地位につくことができた。

5　天皇は日々神として、あるいは神とともに飲食した。その飲食に奉仕したのが采女《うねめ》であった（佐藤全敏「古代天皇の食事と贄」『日本史研究』二〇〇四年、引用）。

6　後宮は宗教的空間であった。

7　伊勢の斎宮の本質は、ヒメ・ヒコによる政治的・宗教的二重統治という古い形式から、女の霊能の担い手を自己の姉妹から娘に移し、それを政治の中心から離れた伊勢の地へ移したもので、天皇の政治力の相対的独立性を強めた（洞富雄「原始斎宮から皇后へ」『天皇不親政の起源』）。

8　女帝が即位されている期間、斎宮は派遣されておらず、女帝であれば斎宮はいらなかった。

このように列挙したのち、大津氏は、「大后・皇后には、天皇と同様な宗教的機能、神聖性があり、それがゆえに皇位継承に困難がある場合に、大后・皇后は即位して女帝が生まれたのだろう」と結んでいた。

繰り返すことになるが、日本の王権は中国南方の稲作民族の太陽、稲魂、女神一体の信仰や習俗を継承して誕生した。中国北方の天の信仰を受けて、男性優位の社会を作った中国律令国家や朝鮮の王権とは異なっていたのは当然であった。

斎宮の神事関与は六、十二月の月次祭《つきなみのまつり》と九月の神嘗祭の玉串奉納のみで、実際の神事は数人の物《もの》忌《いみ》と呼ばれる童女・童男と物忌父（大物忌とも）が担った。こちらは現在も存在する制度で、通常の神社の神主と神子の関係に当たる。伊勢神宮の神主は組織の長で宮司数人と大宮司一人のみ。全体として形を変えたヒメ・ヒコ制である。

女性差別が中国や朝鮮では女帝の道を絶っている。

仏教の『法華経』「提婆《だいば》達多《だつた》品《ぼん》」には、女性は五障のある身であり、そのままでは成仏できず、いったん男子に変じて、比丘《びく》として修行してはじめて成仏できる、とある。変成男子《へんじょうなんし》の法である。儒教『礼記』「郊特牲」には、婦人は人に従う者なり。幼くして父兄に従い、嫁しては夫に従い、夫死すれば子に従う、とある。

儒教『儀礼』「葬服伝」には、婦人に三従の義があり、専用の道（自分で判断する行為）はない。故に未だ嫁さずしては父に従い、すでに嫁しては夫に従い、夫死しては子に従う、とある。

さらに民俗では血の穢れが説かれる。

『日本民俗大辞典』「血穢」吉川弘文館による。

「女性特有の出血である月経と出産時の荒血は、穢れたものとみなされてきた。これらは赤不浄・アカビなどとも称され、死の黒不浄とともに忌むべき大きな穢れとされた。産の穢れを白不浄と呼ぶ地域もある（中略）月経・荒血に限らず血を穢れとする観念は、当初、神社・神事の禁忌として現れた。古くは血は豊穣をもたらすものとされたが、死穢を連想させるためか次第に忌まれるようになり、九世紀中ごろに至って穢れとされるようになった。」

このような大勢のなかでなぜ日本では、斎宮制度が維持されたのか。

台湾原住民のパイワン族は彼らの住居を「女性子宮」の隠喩でよぶ（紙村徹編『神々の物語』草風館、二〇〇二ページ）。ルカイとプヌンは、女性が出産のときに、男性はかならず家の外で待機する。それでも難産が続く際には、家屋を廃棄して別に新屋を建てる。出産のときに住居は完全に女性の空間となる。

日本の産屋《うぶや》については、仏教、儒教の浸透による、出産時の血の穢れを避けるためという説があ

産小屋。京都大原

産小屋。愛知県東栄町

る。しかし、仏教も儒教も存在しない台湾原住民の習俗に照合すると、妊婦が大地母神と一体化する時空を神聖化する信仰に由来するものであることが分かる。

日本は、女神信仰に起源を持つ女性の霊性が守ってきた国である。仏教や儒教の女性差別思想、欧米流男女平等観などの浸透で、姿を消したはずの女性祭祀が、伊勢神宮斎宮、宮中祭祀として継承され、伝統的家庭で女性の管理する神々が存在することも、女性の霊性ぬきに説明することはできない。

女性祭司、女帝、ヒメ・ヒコ制など、女性の霊性に対する信仰は、大地や海に依存して生きてきた人類が普遍的に育ててきた大地と女性に神を見る信仰の表現であったのである。しかし、中国北方、アジア南西部の信仰文化の影響で、大陸などでは次第に様変わりして失われていった原型を、ほとんど唯一保存して今日に伝えたのが日本国と日本人であった。

むすび　大地の女神が支えた日本

東京の中心千代田区の皇居とその周辺を見よう。この一ヶ所に、日本国家と天皇の永続の秘密が集中して示されている。

東京都、つまり日本の中心部に皇居という巨大でうつろな祝祭空間がよこたわり、実際の俗事は、その周辺の永田町（立法）、霞ヶ関（行政）、桜田門（司法）、丸の内、日本橋（商業）などが担当、執行しているという現代日本の空間構造がまさに日本の王権のあり方のみごとな象徴となっている。

日本国家は三世紀後半乃至四世紀前半の崇神天皇の時代に始まった。天皇は、神と人の統御が国家の統治に必要であると宣言され、その実現に努めた。

天皇制を含めた日本文化の構造は、神と人の関係が変化した、中心の聖、第一外輪の俗、第二外輪の賤という図式としてとらえることができる。日本の歴史と文化はこの三者の反発と融合のなかで形成されてきた。この展開で、俗はしばしば聖と対立・葛藤したのに対し、賤は俗をこえて直接に聖と結合し、独自の文化や芸能を生んできた。

日本は、七世紀から八世紀にかけて国家体制をととのえていったときに、中国の隋や唐の法律体系や官僚制度を採りいれた。にもかかわらず、重要な分野で中国の制度の採用や影響を排除した。

天の神の祭りはその代表例である。異質なもの（中国大陸の南北両原理）の融合と同化が日本の天皇制を生んだが、天父よりも地母重視が天皇制永続の因となった。

その実相をはっきりと示しているのが首都と皇居の構造である。日本人が尊崇対象とした大地の母神は地と水への信仰として表現されてきた。その信仰が神社、皇居、皇都などの地勢選択の際の最重要用件として働いてきた。代表例をみていこう（諏訪春雄『日本の風水』）。

日本最初の皇居ともいうべき、七世紀の飛鳥浄御原宮《あすかきよみはらのみや》は、背後の神奈備山《かんなびやま》などの山並みと飛鳥川・飛鳥池などに囲まれた地であった。日本の山は大地の連続で天に通じる宇宙山ではない。

つづく奈良平城京はどうか。このころ、日本は国家体制の整備に中国の大帝国隋・唐を手本と仰ぎ、その影響をつよく受けていた。その様相は皇都の選択にも現われていた。『続日本紀』元明天皇和銅元年（七〇八）の記事では、

臣下「昔から近ごろまで、太陽や星を観測して、東西南北を確かめ、宮室の基礎を定め、世を占い地相をみて、帝皇の都を建てている」
天皇「今平城《なら》の地は、青竜・朱雀・白虎・玄武の四つの動物が、陰陽の吉相に配され、三つの山が鎮護の働きをなし、亀甲や筮竹による占いにもかなっている。ここに都を建てるべきである」

とあって、陰陽五行思想による風水観を中国から継承していた。

しかし、事実はどうか。そこが日本人の独自性・すばらしさである。

平城京は、背後に山、左右を秋篠川と佐保川・東堀川に囲まれた〈地水〉の地であった。

つづく平安京（京都）はどうか。平安京への遷都については、『日本紀略』延暦十三年（七九四）に次のようにある。桓武天皇詔「この国、山河襟帯《きんたい》、自然と城をなす。この形勝によりて新号を制すべし。よろしく山背国を改めて山城国となすべし…号して平安京という。」

「山河襟帯」とは、山や丘（北山、東山、西山など）が襟のように、鴨川、桂川、宇治川、木津川の河川が帯のように囲む地勢をいう。日本の〈地水〉の風水観を表現している。中国を離れて完全に日本独自に戻っているのである。

京都の地勢は東西北の三方山、南方は大河と平地の「山河襟帯」説にみごとに適合した土地である。

徳川家康が選択し、現在の東京に受け継がれた江戸はどうか。その選択の理由は中国の風水論四神相応に従っていた。『柳営秘鑑』（江戸幕府故実書。幕臣菊池弥門著。寛保三年成立）によれば、「此江戸城、天下の城の格に叶い、其土地は四神相応に相叶えり」とある。そして、江戸の地勢自体はみごとに山河襟帯であった。後方に富士山を控え、前方には隅田川と江戸湾がひろがる。

日本の王権の原型は二世紀後半から三世紀にかけて、倭人が建国した邪馬台国の卑弥呼と弟の関係にまでさかのぼる。ヒメ・ヒコ制とよばれ、王位にある女性がその霊力で祭事を、従属者である男性が政治を分担する制度である。そののち、ヒメ・ヒコ制は、制度をささえた精神とその根底にある女性の霊力に対する信仰と、二つの方向にわかれて、日本の王権と社会の民俗にふかく根をおろしてゆく。

日本古代の王権で、女性が王位を継承する巫女王＝女帝の制度は八世紀以降、日本の国家制度が整備されてゆく過程で、皇位継承権を男性天皇にゆだねて衰亡してゆくが、しかし、天皇は実際政治に関与せず、祭事に専心するというヒメ・ヒコ制の精神は日本の王権に継承され、現在にまでうけつがれている。

また、女性がその霊力で男性兄弟を庇護する、ヒメ・ヒコ制をささえた基本信仰は、後宮制度、伊勢信仰（斎宮）、オ（ヲ）ナリガミ信仰などに分化して、やはり日本文化の底流を形成する。

日本国家がこのような形態をとって永続した根底には、大地の母神に対する信仰がある。大地に対する信仰は山と水に対する信仰となって現代に続き、女神に対する信仰は、中心の空洞性となってみごとに、現代の皇居にまで継承されている。

皇居の構造に生かされてきた女神信仰をみておこう。

藤原京内裏は中国にならって南北軸重視となっていた。

南北軸重視は平城宮にも継承され、大極殿背後に内裏（後宮）が設けられていた。陰陽五行の名目上の風水を中国から継承していたのである。

しかし、平安宮になると、後宮で東北（鬼門）守護という日本独自の構造となる。鬼門という語は中国に由来するが、中国では古代の伝説であって鬼門信仰は現代に生きてはいない。現代語で鬼門は舞台で俳優が登退場する出入り口をいう。中国で邪悪なものが入ってくる方角や場所は東北にかぎられなかった。人間を取り巻くあらゆる方角の門、すべての居住区間が、邪悪の侵入、跋扈する場所であった。その結果、風水の地を防御するために、辟邪と呼ばれる、神仏を総動員した魔除けの方法が発達していた。身体、家宅、集落などのすべてが対象になった。辟邪は方術と儺戯《なぎ》に二分できる。方術はものを利用する呪法である。第一種は神仏を描いた文字・図を貼る呪符。第二種は石・瓦・金属などを加工して据える呪物。儺戯は人間が神仏に扮して邪悪を払う呪法で仮面や武器が利用される。施される場所は、前者は既知の空間と未知の空間の境界であり、後者は境界も含めて全空間が対象になった。

日本で、東北の地を鬼門とよぶ呼称は中国から伝来したが東北の方角一般を鬼門として忌む信仰、その反対の方角を裏鬼門として忌む信仰は、陰陽道の影響下、日本の平安時代に始まった。

以上の日中両国の宮殿の比較を分かりやすく示すと次のようになる。

後宮—両儀殿—大極殿（長安宮）
内裏［後宮—紫宸殿］—大極殿（平城宮）
内裏［後宮—紫宸殿］—大極殿（平安宮）

中国長安宮の大（太）極は宇宙の根元であり、天子の外朝になっている。両儀は陰陽・大地を表わし天子の内朝とされていた。

対する日本の宮殿では、両儀殿を紫宸殿に変えて内裏に取り込み、大極殿の空洞化を図っている。日本の皇居では、崇神天皇の次の垂仁天皇の時代に伊勢の地にアマテラスを祀り、国外の出雲大社と対峙させた段階で、皇居内に、アマテラス、皇祖神、諸国の神々を祀る宮中三殿を設営した。ヒメ・ヒコ制、あるいはオナリ神信仰などの女神信仰がそのままに日本の王権の形を決定したのではない。日本の信仰体系の源流となった長江流域の王権がすぐに交替をくりかえしたり、北方大帝国に併呑されたりしていったのに対し、日本の王権が永続した事実を考慮・解明しなければならない。

海にかこまれた島国であったという立地条件は考慮される。しかし、それだけではない。日本の王権は、太陽信仰（女神信仰であり、稲魂や大地に対する信仰でもある）を核とした中国の南方原理を中心にとりこむとともに、その周辺を天の信仰を核とした中国北方原理で固めたのである。

七世紀から八世紀、日本は先進中国の北方大帝国の律令や官僚制度をとりいれ、国家としての体制をととのえていった。その試行のなかで、〈ヒメ・ヒコ制に由来する中心に祭事、周辺に政治〉という、東アジアではユニークな国家体制を形成することに成功した。歴史の過程で、中心と周辺の対立、拮抗、交替などの現象はたえずおこったが、しかし、全体の国家構造を破壊しきるまでにはいたらなかった。そこに天皇制永続の秘密があった。

十五世紀以降、天皇家が世俗的権威を失って宗教的権威のみとなった時代に、世俗的権威を持った琉球王権や織田・豊臣・徳川政権が天皇家に倣って宗教的権威をも確立しようとした。共通して中国北方帝国の裁判神である天の神（天道）ではなく、守護神としての祖先神信仰を導入した。つまり、神仏一般に頼った織田・豊臣に対し、擬似アマテラスである女神の力に頼って成功したのが琉球と徳川であった。

そこにも、天皇と日本国家永続の秘密がみえてくるのである。

おわりに

ＪＲ上越線の群馬県と新潟県の境にあるのが清水トンネルである。私は新潟県の出身なので、このトンネルは何度も列車席でくぐり抜けた。

川端康成の有名な小説「雪国」冒頭の「国境の長いトンネルを抜けると雪国であった。」は、このトンネルをさしている。

次は、その冒頭の英語訳である。訳者は著名な日本語学者のアメリカ人エドワード・Ｇ・サイデンステッカーである。

The train came out of the long tunnel into the snow country.

この英語訳は、視点が高い、主語を確定した、という二つの特色を備えている。しかし、この二つともにこの文の訳としては誤まっている。日本人ならすぐに分かることである。汽車もたしかにトンネルを抜けるが、日本人がこの文章を読んだとき、このトンネルを抜けて雪国に入り込んでいったのは、あきらかに窓にでももたれて外を見ている主人公である。翻訳された英文は分かり易い文章にはなったが、文意に誤まりが生じた。

サイデンステッカーは『源氏物語』の翻訳も行なったほどの日本文学通である。その彼がなぜ、このような誤まりを犯したのか。サイデンステッカーは、一九四七年から外交官として滞日、日本で生活し、二〇〇七年八月二十六日、東京都内の病院で死去した。日本文学の翻訳を通して、日本の文化を広く紹介したアメリカきっての日本学者であった。

サイデンステッカーほどの日本語通がなぜ誤まったのか。

日本語と西欧言語の本質が異なることについては、すでに多くの研究が提出されている。例えば、その一つ、月本洋『日本人の脳に主語はいらない』（講談社選書メチエ、二〇〇八年）は次のように主張する。

イギリス人は、母音を右脳で聴く。
右脳で、自分と他人の識別を行なう。
言語野は左脳にある。
左脳と右脳の神経信号の伝播には時間がかかる。

日本人は、母音を左脳で聴く。
右脳で、自分と他人の識別を行なう。
言語野は左脳にある。
左脳と右脳の神経信号の伝播には時間がかからない。

これらをまとめると、日本人は自他を識別する右脳を刺激せずに、そして、右脳と左脳の間の神経信号伝播の時間の遅れなしに、言葉を処理する、となる。このことが、日本語が主語や人称代名詞をあまり必要としない原因となる（同書「はじめに」）。

そして次のような例をあげる。

（日本人は）月が出ている夜空を見ている二人がいて、そのうちの一人が言うとすれば、「月が見える」であろう。「私は月が見える」は不自然である。これは、夜空を見ているという状況を二人が共有しているので、わざわざ「私は月が見える」と言わないのである。

この現象は、二人が夜空を共同注視しているのである。日本語では、共同注視という認知状態から発話という言語状態に連続的に移れるので、わざわざ「私」という必要がないと言える。これに対して、英語では、共同注視という認知状態から、発話という言語状態に連続的に移れないので、わざわざ“I can see the moon.”と言わねばならないのである。

この月本氏の説とまったく同じ日本語論が最近世に出た。山本尚氏の著作である。

スイスで、十九世紀末から二十世紀半ばにかけて活躍した精神科医・心理学者カール・グスタフ・ユングに有名な人間タイプ論がある。ユングによれば、人間は、意識が内に向かう内向型と外に向かう外向型、対象を捉えるときに表面的特色で捉える感覚型と本質で捉える直観型、そして、判断する際に論理的に判断する思考型と、気持ちで判断する気持ち型に分けられるという。

山本氏の著書は、この考えに基づいて世界の民族を分類した研究である。日本人は内向型で感覚型でフィーリング型（気持ち型）である。この日本人の民族性は世界の約百五十の民族のなかでも際立っており、このような民族は日本人しかいないといわれるほど特異である（山本尚『日本人は論理的でなくていい』産経新聞出版、二〇二〇年）。

つまり、日本人は、心が状況や環境に埋め込まれていて、その場の他人とともに同じように感得する能力が高いのである。これを私流にいい換えれば、日本人の心に埋め込まれた状況や環境の最たるものが遍在する神である。日本人は神を共同で感知する能力にすぐれていて、わざわざ「私は神を感じた」という必要がないのである。

このような特性を持つ日本語と日本人が生み出した日本語の特色について、外国人は理解を誤まることがあるのである。

月本洋『日本人の脳に主語はいらない』が日本語、ポリネシア語以外の異質の言語としてあげる言語は西欧言語を中心にした次の諸言語である（同書「5　母音の比重が大きい言語は主語や人称代名詞を省略しやすい」）。

英語、中国語、朝鮮語、イタリア語、ポルトガル語、スペイン語、フィンランド語、ロシア語、フランス語、ドイツ語、ノルウェー語、スウェーデン語、デンマーク語、オランダ語

この一覧を見ると分かるように、西欧近代科学を確立し、日本が明治以降手本とした国家はすべてこのなかに含まれている。異なる言語体系によって生まれた学問の方法で日本の古代文献を読み解こうとしても、その本質に到達できないのは当然である。

日本の古代史を考えるときの必須の資料は『古事記』『日本書紀』『風土記』などの、古代に成立

した文献類である。日本の歴史学者や神話学者は、当然なことではあるが、これらの文献を読み解き、解釈を加えて、日本国家の成立の秘密を説きあかそうとしてきた。しかし、これまでの多くの研究家の努力にもかかわらず、日本国家の成立の事情を解明できなかった。

西欧語は日本語とは異なる。異質の言語体系のなかで組み立てられた学問の理論体系で、古代日本語で書かれた古文献を理解しようとしても、真実の事情に到達することはできない。その結果として、『古事記』『日本書紀』『風土記』などに記述されている日本国家の誕生と成立をいまだに完全には解明できないのである。

世界有数の文明国でありながら、日本は未だに国家の誕生、形成の歴史を解明できないでいる。文明国家としては恥ずべきことといわなければならない。

神と人は一体である。このような古代の日本人の認識に基づいて、日本の古代文献を解読しない限り、そこに記された日本国家の誕生と形成の歴史を解明することはできないのである。

ことばの移動は民族の移動、文化の移動を伴う。

日本語は古代日本文化の移動、古代日本人の移住と深く関わっている。日本の古代国家を形成した中国大陸南部の倭人・越人の言語こそが日本語の源流として注目される必要がある。

日本語の特性は倭人のシャーマンの言語行為に由来し、日本人の信仰を基盤として発展し、日本文化そのものといえる。

しかし、日本語の故郷の地、大陸南部の文化、言語、信仰が、大陸北部、西南部の影響ですっかり様変わりしてしまったのに対し、唯一、原型を保存して今日に伝わったのが日本である。

本書出版のきっかけを与えてくださったのは編集部の藤﨑寛之氏であり、直接、編集・刊行の労に当たってくださったのは同じ編集部の西口徹氏である。両氏に対し心からの感謝を申しあげます。

令和五年一月

諏訪春雄

参考文献

とくに断らないかぎり、『日本書紀』の引用は『日本書紀1〜3』(小学館、一九九六年)、『古事記』の引用は『古事記　上代歌謡』(小学館、一九七三年)、『風土記』の引用は『風土記』(小学館、一九九七年)による。それ以外の参考文献は、以下に初出だけを引用順に掲げる。本文掲載の写真は、とくに断らないかぎり、著者自身の撮影である。

はじめに

堀内哲『令和から共和へ　天皇制不要論』同時代社、二〇二二年
『日本歴史大事典』全四巻、小学館、二〇〇一年
『歴史道 vol.20　古代天皇の謎と秘史』朝日新聞出版、二〇二二年
佐伯有清『新撰姓氏録の研究　本文篇』吉川弘文館、二〇〇〇年

I

水野祐『評釈魏志倭人伝』雄山閣、一九八七年
田中英道『邪馬台国は存在しなかった』勉誠出版、二〇一八年
岡田英弘『倭国―東アジア世界の中で』中公新書、一九七七年
『白鳥庫吉全集』第一巻、岩波書店、一九六九年
和辻哲郎『新稿　日本古代文化』岩波書店、一九五一年
安本美典『神武東遷』中公新書、一九六八年
篠田正浩『卑弥呼、衆を惑わす』幻戯書房、二〇一九年
伊波普猷『をなり神の島』楽浪書院、一九三八年
柳田国男『妹の力』創元社、一九四〇年
馬淵東一「沖縄先島のオナリ神」『日本民俗学』2巻4号・3巻1号、日本民俗学会、一九五五年

鍵谷明子『インドネシアの魔女』学生社、一九九六年
林河『愛晩文叢　林河自選集』下巻、湖南文芸出版社、二〇〇四年
白川静『字統　普及版』平凡社、一九九四年

Ⅱ

『図説日本文化史大系1　縄文・弥生・古墳時代』小学館、一九五六年
『日本祭祀研究集成1』名著出版、一九七八年
岡田精司『古代王権の祭祀と神話』塙書房、一九七〇年
溝口睦子『王権神話の二元構造―タカミムスヒとアマテラス』吉川弘文館、二〇〇〇年
『文化人類学事典』弘文堂、一九八七年
中華民族故事大系編集委員会編『中華民族故事大系』全一六巻、上海文芸出版社、一九九五年
欠端実『聖樹と稲魂　ハニの文化と日本の文化』近代文芸社、一九九六年
『世界神話事典』角川書店、一九九四年
大林太良『神話と神話学』大和書房、一九七五年
NHKスペシャル「日本人」プロジェクト編『日本人はるかな旅4』日本放送出版協会、二〇〇一年
佐々木高明『稲作以前』NHKブックス、一九七一年
網野善彦『日本中世の民衆像―平民と職人』岩波新書、一九八〇年
諏訪春雄『大地　女性　太陽　三語で解く日本人論』勉誠出版、二〇〇九年

Ⅲ

水野祐『古代の出雲と大和』大和書房、一九七五年
千家尊統『出雲大社』学生社、一九六八年
諏訪春雄『日中比較芸能史』吉川弘文館、一九九四年
田哲益『鄒族神話与伝説』晨星出版、二〇〇三年

『季刊大林20』大林組、一九八五年

Ⅳ

諏訪春雄『日本王権神話と中国南方神話』角川選書、二〇〇五年
『NHKスペシャル四大文明　中国』日本放送出版協会、二〇〇〇年
カール・アウグスト・ウィットフォーゲル著、平野義太郎監訳『新訂・解体過程にある中国の経済と社会（復刻版）』上下、原書房、一九七七年
安田喜憲『大河文明の誕生』角川書店、二〇〇〇年
安田喜憲「5000年前の気候変動と古代文明の誕生」『科学』五八号、岩波書店、一九八八年
ブルース・G・トリッガー著、川西宏幸訳『初期文明の比較考古学』同成社、二〇〇一年

Ⅴ

西嶋定生『秦漢帝国』講談社学術文庫、一九九七年
松丸道雄・永田英正『ビジュアル版世界の歴史5　中国文明の成立』講談社、一九八五年

Ⅵ

渡辺信一郎『中国古代の王権と天下秩序』校倉書房、二〇〇三年
『中国思想文化事典』東京大学出版会、二〇〇一年
『新釈漢文大系』明治書院、全一二〇巻別巻一、一九六〇年〜
紙村徹編『台湾原住民文学選5　神々の物語　神話・伝説・昔話集』草風館、二〇〇六年
諏訪春雄『親日台湾の根源を探る　台湾原住民神話と日本人』勉誠出版、二〇一九年

Ⅶ

劉芝鳳『中国侗族民俗と稲作文化』人民出版社、一九九九年

田畑久夫他著『中国少数民族事典』東京堂出版、二〇〇一年
『貴州古文化研究』中国民間文芸出版社、一九八九年
大林太良『稲作の神話』弘文堂、一九七三年
萩原秀三郎『稲と鳥と太陽の道』大修館書店、一九九六年
諏訪春雄編『東アジアの神と祭り』雄山閣、一九九八年
欠端実「雲南少数民族における新嘗祭」にひなめ研究会編『新嘗の研究4―稲作文化と祭祀―』第一書房、一九九九年
『アジア民族文化学会秋季大会発表要旨』共立女子短期大学、二〇〇一年十一月十一日
萩原法子『熊野の太陽信仰と三本足の烏』戎光祥出版、一九九九年

Ⅷ

江上波夫『騎馬民族国家』中公新書、一九六七年
水野祐『増訂日本古代王朝史論序説』小宮山書店、一九五四年
上田正昭『大和朝廷』角川新書、一九六七年
阿部真司『蛇神伝承論序説』伝統と現代社、一九八一年
戸沢充則編『縄文時代研究事典』東京堂出版、一九九四年
海部陽介『サピエンス日本上陸　3万年前の大航海』講談社、二〇二〇年
古代歴史文化協議会編『玉―古代を彩る至宝―』ハーベスト出版、二〇一八年
洪英聖『台湾先住民脚印』時報文化出版、一九九三年
田哲益『排湾族神話与伝説』晨星出版、二〇〇三年
王嵩山『台湾原住民　人族的文化旅程』遠足文化事業、二〇一〇年
中野美代子『中国の妖怪』岩波新書、一九八三年

Ⅸ

柳田國男「郷土生活の研究法」『柳田國男全集八』筑摩書房、一九九八年

ロラン・バルト著、宗左近訳『表徴の帝国』新潮社、一九七四年
中村哲『宇宙神話と君主権力の起源』法政大学出版局、二〇〇一年
河合隼雄『中空構造日本の深層』中央公論社、一九八二年
大隅清陽「君臣秩序と儀礼」『日本の歴史8　古代天皇制を考える』講談社学術文庫、二〇〇九年
斎川眞『天皇がわかれば日本がわかる』ちくま新書、一九九九年
梅澤恵美子『天皇家はなぜ続いたのか』ベスト新書、二〇〇一年
大津透「『日本』の成立と天皇の役割」『日本の歴史8　古代天皇制を考える』講談社学術文庫、二〇〇九年
大津透『古代の天皇制』岩波書店、一九九九年
今谷明「これからの天皇制研究」『天皇家はなぜ続いたか』新人物往来社、一九九一年
網野善彦『異形の王権』平凡社、一九八六年
網野善彦・上野千鶴子・宮田登『日本王権論』春秋社、一九八八年
江上波夫『騎馬民族国家 改版』中公新書、一九九一年
網野善彦『日本中世の非農業民と天皇』岩波書店、一九八四年
武光誠『律令制成立過程の研究』雄山閣、一九八〇年
諏訪春雄『安倍晴明伝説』ちくま新書、二〇〇〇年
渡辺信一郎『中国古代の王権と天下秩序—日中比較史の視点から』校倉書房、二〇〇三年

X

折口信夫「女帝考」『折口信夫全集』二〇巻、中央公論社、一九五六年
上田正昭『日本の女帝』講談社現代新書、一九七三年
井上光貞「古代の女帝」『日本古代国家の研究』岩波書店、一九六五年
小林敏男『古代女帝の時代』校倉書房、一九八七年
水野祐「古代女帝の謎」『別冊歴史読本4　日本の女帝』新人物往来社、二〇〇二年
荒木敏夫『可能性としての女帝』青木書店、一九九九年

義江明子「古代女帝論の過去と現在」『岩波講座　天皇と王権を考える7』岩波書店、二〇〇二年
荒木敏夫「女帝研究の視角と課題」『東アジアの古代文化』一一九号、大和書房、二〇〇四年
佐々木宏幹『憑霊とシャーマン』東京大学出版会、一九八三年
鳥越憲三郎「巫女の歴史」『講座日本の民俗宗教4』弘文堂、一九七九年
今井尭「古墳時代前期における女性の地位」『日本史研究』秋田屋、三九七号、一九九五年
倉塚曄子『巫女の文化』平凡社、一九七九年
杉本憲司「中国の女帝と歴史に見える女性像」『日本の古代12　女性の力』中央公論社、一九八七年
気賀沢保規『則天武后』白帝社、一九九五年
谷口やすよ「漢代の皇后権」『史学雑誌』第87編第11号、山川出版社、一九七八年
末松保和「新羅三代考」『新羅史の諸問題』東洋文庫、一九五四年
木下礼仁「古代朝鮮の女王」『日本の古代12　女性の力』中央公論社、一九八七年
春名宏昭「天皇位の継承」『史学雑誌』第109編第12号、二〇〇三年
大津透「律令制と女帝・皇后の役割」『東アジアの古代文化』一一九号、大和書房、二〇〇四年
佐藤全敏「古代天皇の食事と贄」『日本史研究』秋田屋、五〇一号、二〇〇四年
洞富雄「原始斎宮から皇后へ」『天皇不親政の起源』校倉書房、一九七九年

むすび

諏訪春雄『日本の風水』角川選書、二〇一八年
菊池弥門『柳営秘鑑』一七四三年成立

＊本書は書き下ろし作品です。

諏訪春雄
（すわ・はるお）

1934年、新潟県生まれ。近世文学・民俗学・芸能史学者。学習院大学名誉教授。1995年、内山記念浮世絵賞、2004年、安倍能成記念学術賞受賞。2013年秋、瑞宝中綬章受勲。主な著書は、『心中　その詩と真実』『忠臣蔵の世界』『聖と俗のドラマツルギー』『日本の幽霊』『日中比較芸能史』『折口信夫を読み直す』『歌舞伎の源流』『日本王権神話と中国南方神話』『日本の風水』など多数。

日本国誕生の秘密
伊勢・出雲・三輪、その三社の神話に探る

二〇二三年　三　月二〇日　初版印刷
二〇二三年　三　月三〇日　初版発行

著　者――諏訪春雄
発行者――小野寺優
発行所――株式会社河出書房新社
〒一五一-〇〇五一
東京都渋谷区千駄ヶ谷二-三二-二
電　話――〇三-三四〇四-一二〇一〔営業〕
〇三-三四〇四-八六一一〔編集〕
https://www.kawade.co.jp/

組　版――株式会社ステラ
印　刷――三松堂株式会社
製　本――三松堂株式会社

ISBN978-4-309-22882-2
Printed in Japan